Hallo liebe Leserinnen und liebe Leser,

in diesem Buch widmen wir uns dem Prüf   n Medizin-Aufnahmetests der öffentlichen medizinischen Unis, kurz dem MedAT-H und MedAT-Z. Es handelt sich hierbei um eine komplette Testsimulation, erstellt von Personen mit **Top 30, 20, Platz 2 / Platz 1** MedAT Ergebnissen. Auf den folgenden Seiten werden wir dich auf dem Weg der Bearbeitung und bei der erfolgreichen Absolvierung einer so testnah wie möglich gestalteten Testsimulation begleiten. Im Anschluss hast du die Möglichkeit **online** deine persönlichen Ergebnisse mit anderen StudienwerberInnen zu vergleichen. Diesbezüglich freuen wir uns über einen Besuch auf unserer Webseite: www.medat-vorbereitung.at/bücher/test-breaker (PW: Test-Breaker15). Auf den letzten Seiten dieses Buches findest du alle Lösungen zu unserer Testsimulation. Hier kannst du herausfinden, wie unsere kognitiven Aufgaben gelöst aussehen. Wir hoffen, dass wir dir mit dieser Simulation Wissenslücken aufzeigen können, damit du dich in diesen noch top vorbereiten kannst. Wir wünschen dir nun viel Erfolg beim Lösen der Aufgaben! :)

Die folgende Testsimulation besteht aus diesen Teilbereichen:
- Basiskenntnistest Medizinische Studien (BMS): Biologie, Chemie, Physik, Mathematik
- Textverständnis (für HumanmedizinerInnen im MedAT-H)
- Manuelle Fähigkeiten und Fertigkeiten (für ZahnmedizinerInnen im MedAT-Z): Formen spiegeln und Draht biegen
- Kognitive Fähigkeiten und Fertigkeiten: Figuren zusammensetzen, Allergieausweise, Zahlenfolgen, Wortflüssigkeit, Implikationen erkennen (Implikationen nur im MedAT-H)
- sozial-emotionale Kompetenzen: Soziales Entscheiden und Emotionen erkennen

Wir freuen uns über dein Feedback. Egal ob Ausdruck, Rechtschreibung, Inhalt, deine persönlichen Impressionen zum Buch bzw. Test oder eventuelle Fehler – deine Rückmeldung hilft uns, dieses Buch besser zu gestalten. Der Test-Breaker wird via print on demand gedruckt. Das heißt, bei Bestellung eines Buches wird dieses frisch gedruckt und anschließend versendet. Wenn dir beim Bearbeiten der Übungen also etwas auffällt, dann zögere nicht und schreib uns gleich eine Nachricht an medbreaker@gmail.com. Sobald wir deinen Verbesserungstipp erhalten haben, können wir diesen umgehend in die aktuelle Buchreihe einbinden. Wir bitten dich höflichst eine (elektronische) Vervielfältigung des Buches für andere Personen zu unterlassen. Das Werk, einschließlich seiner Teile, ist urheberrechtlich geschützt und jede Verwertung ist ohne Zustimmung des Verlages und des Autors natürlich unzulässig. Dies gilt insbesondere für die elektronische oder sonstige Vervielfältigung, Übersetzung, Verbreitung und öffentliche Zugänglichmachung. **Achtung**, die Weitergabe dieses Buches in Form eines PDF's ist nicht erlaubt. Falls du auf eine Person aufmerksam wirst, die unsere Bücher digital anbietet und z.B. in einer Facebook-Gruppe verkauft oder verschenkt, freuen wir uns über deine Mitteilung. Wir werden uns bei dir erkenntlich zeigen! :)

© 2018 MN Consulting GmbH Verlag - Wallsee, alle Rechte vorbehalten.

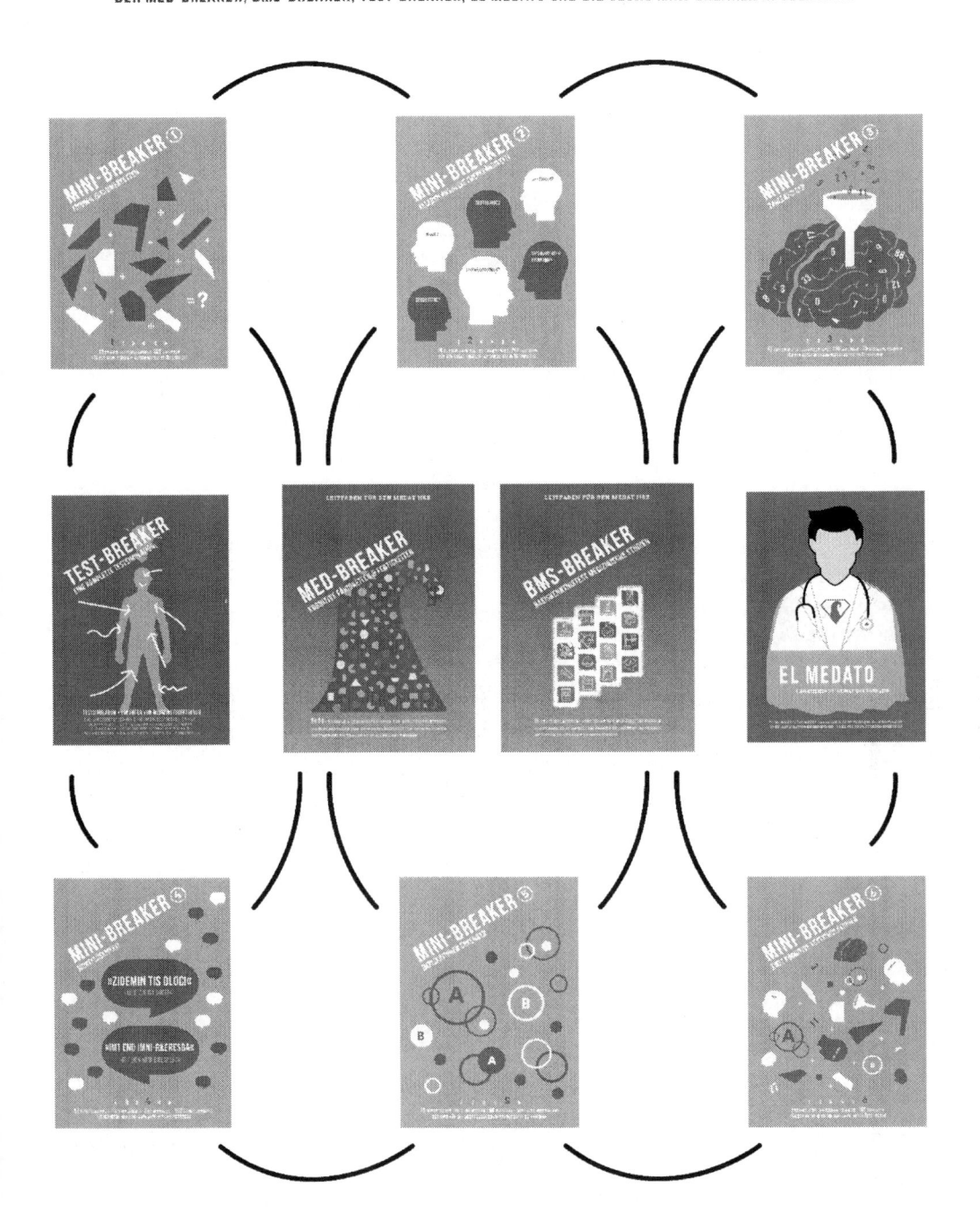

DER MED-BREAKER, BMS-BREAKER, TEST-BREAKER, EL MEDATO UND DIE SECHS MINI-BREAKER IN ÜBERSICHT

WWW.MEDAT-VORBEREITUNG.AT

Bearbeitungshinweise

✓ Vor Beginn der Testsimulation darfst du dir einen schwarzen Stift, eine Uhr, einen Liter Wasser und das Antwortblatt (am Ende des Buches) zurechtlegen.

✓ Beseitige anschließend alle Störquellen, schalte dein Mobiltelefon in den Flugmodus und vergewissere dich, dass du ab jetzt sechs Stunden ungestört Zeit für diese Testsimulation hast.

✓ Während der Bearbeitung des Tests darfst du ausschließlich innerhalb eines einzelnen Untertests blättern. Ein Vor- oder Zurückblättern in einen anderen Testteil gilt als Regelverstoß. Sobald dir das STOP-Symbol begegnet, und du alle Aufgaben in diesem Untertest lösen und auf den Antwortbogen übertragen konntest, gilt es dennoch, bis zum Ablauf der vorgegebenen Zeit, zu warten.

✓ Am Tage des MedATs werden dir ebenfalls ein Antwortbogen und ein Testheft übergeben. Achte darauf, dass du alle Antworten des Testteiles bis zum zeitlichen Ende des Untertests in den Antwortbogen übertragen hast. Sollte dies nicht der Fall sein, so ist es dir nach Beendigung des Untertests nicht mehr erlaubt, zurückzublättern. Der MedAT Antwortbogen darf weder gefaltet, noch an nicht gekennzeichneten Stellen beschriftet werden. Die Testheftseiten dürfen hingegen, mit Ausnahme der Allergieausweis-Lernphase, zum Notieren verwendet werden.

✓ Die Nummerierung des Testbogens entspricht jener des Antwortbogens. Wenn du im Testbogen beim ersten Beispiel die Antwort D als richtig vermutest, dann trage ein X am Antwortbogen in das Kästchen mit dem richtigen Lösungsbuchstaben ein. Dieses muss mittig platziert sein. Wenn du undeutlich zeichnest oder z.B. einen Buchstaben ins Kästen schreibst, dann bekommst du im ungünstigsten Fall 0 Punkte für diese Aufgabe. Solltest du dich nun doch anders entscheiden und der Meinung sein, dass die Antwort D (die ungünstiger Weise bereits mit einem X markiert wurde) nicht der richtigen Antwort entspricht, hast du noch einmal die Gelegenheit deine Antwort auszubessern. Um dies zu bewerkstelligen, muss das mit einem X gekennzeichnete Kästchen komplett ausgemalt werden. Anschließend darf erneut ein X in ein anderes Kästchen eingesetzt werden, in der Hoffnung, dass die neue gewählte Antwortoption nun der richtigen Antwort entspricht.

✓ Bei Multiple-Choice-Aufgaben gibt es immer genau eine richtige Musterlösung. Im sozialen Entscheiden ergibt sich die Testleistung aus der Übereinstimmung deiner Rangreihung und der aus der Theorie abgeleiteten Rangreihung. Für die richtige Lösung einer Aufgabe erhältst du einen Punkt. Bei falscher Antwortoption einer Testaufgabe gibt es hingegen keinen Punkteabzug.

✓ Während des Tests darfst du nur zu gewissen Zeiten auf die Toilette gehen. Die für den Testteil vorgesehene Zeit läuft während dieser Pause ausnahmslos weiter. Die einzige gemeinsame Pause für TeilnehmerInnen stellt die einstündige Mittagspause dar. Plane deshalb deine Toilettengänge und deinen Getränkekonsum gut ein.

Auf der nächsten Seite beginnt unsere Testsimulation.

Viel Erfolg beim Lösen unserer Aufgaben in
der vorgesehenen Reihenfolge! :)

Insider-Tipp
Beim MedAT-Z läuft die Reihenfolge im KFF-Bereich
im Vergleich zum MedAT-H ein wenig verändert ab.

KFF Ablauf im MedAT-H

1. Biologie
2. Chemie
3. Physik
4. Mathematik
5. Textverständnis
6. Figuren zusammensetzen
7. Allergieausweise - Lernphase
8. Zahlenfolgen
9. Implikationen erkennen
10. Allergieausweise - Prüfphase
11. Wortflüssigkeit
12. Emotionen erkennen (2017 nach SE)
13. Soziales Entscheiden (2018 nach EE)

KFF Ablauf im MedAT-Z

1. Biologie
2. Chemie
3. Physik
4. Mathematik
5. Draht biegen
6. Formen spiegeln
7. Figuren zusammensetzen
8. Allergieausweise – Lernphase
9. Wortflüssigkeit
10. Allergieausweise - Prüfphase
11. Zahlenfolgen
12. Emotionen erkennen (2017 nach SE)
13. Soziales Entscheiden (2018 nach EE)

Biologie – 40 Aufgaben: 30 Minuten Bearbeitungszeit

1. Welche der folgenden Aussagen ist falsch?

A) Unter einer Muskelkontraktion versteht man das Zusammenziehen von Muskeln.
B) Der Herzmuskel besitzt quergestreifte Muskelfasern.
C) Skelettmuskeln gehören zur quergestreiften Muskulatur.
D) Skelettmuskeln sind über Sehnen oder Faszien am Skelett befestigt.
E) Glatte Muskulatur ist der willkürlichen Kontrolle unterworfen.

2. Wenn der Muskel bereits vor seiner Erschlaffung von einem weiteren Reiz aktiviert wird, kommt es...

A) zum Tetanus.
B) zur dauerhaften Erschlaffung.
C) zur functio laesa.
D) zu keiner Reaktion. Der Muskel reagiert nicht– Refraktärzeit.
E) zu einer isometrischen Kontraktion.

3. Wo findet man einen pH-Wert von 1-4 im menschlichen Körper?

A) Galle
B) Darmsaft
C) Magensäure
D) Fruchtwasser
E) Blut

4. Welches der folgenden Organellen hat zwei Membrane?

A) Lysosom
B) Endoplasmatisches Retikulum
C) Zellkern
D) Vakuole
E) Dictyosom

5. In welcher Phase findet die Verdoppelung der Zell DNA statt?

A) Prophase
B) S- Phase
C) G2- Phase
D) Metaphase
E) Anaphase

6. Welches Zellorganell spielt bei der Autolyse eine maßgebliche Rolle?

A) Lysosom
B) Mitochondrium
C) Endoplasmatisches Retikulum
D) Vakuole
E) Zellkern

7. Was beschreibt Polymorphismus am besten?

A) Mehrere Genorte, die immer den selben Phänotyp bestimmen.
B) Eine DNA Sequenz, in der oft hintereinander die gleiche Information abgespeichert worden ist.
C) Genlocus
D) Das Auftreten mehrerer Genvarianten innerhalb einer Population.
E) Existieren weniger als drei Allele eines bestimmten Gens, so spricht man von Polymorphismus.

8. Welcher Vorgang beschreibt ein Umdrehen und erneutes Einfügen eines Chromosomenstückes innerhalb eines bestimmten Chromosoms?

A) Inversion
B) Duplikation
C) Translokation
D) Deletion
E) Zirkulatio

9. Welches Chromosom liegt beim Down-Syndrom 3-mal vor?

A) 14   B) 22   C) 7   D) 5   E) 21

10. Welche Zellorganellen unterliegen einer rein maternalen Vererbung?

A) Golgi- Apparat
B) Mitochondrien
C) Lysosom
D) DNA
E) Nukleotid

11. Wie wird die Rot-Grün-Sehschwäche vererbt?

A) autosomal- dominant
B) autosomal- rezessiv
C) mitochondrial
D) X- chromosomal dominant
E) X-chromosomal rezessiv

12. Welche der folgenden Aussagen sind korrekt?

1. Jedes Nucleotid besteht aus Base, Monosaccharid und einem Phosphorsäurerest.
2. Bei der DNA wird Desoxyribose verbaut, bei der RNA Ribose.
3. Guanin paart sich mit Cytosin.
4. Die jeweils gegenüberliegenden Stränge der Doppelhelix der DNA sind nicht identisch, sondern bestehen aus jeweils komplementären Basen.

A) Antwort 1. und 3. sind richtig.
B) Antwort 2. und 3. sind richtig.
C) Antwort 3. und 4. sind richtig.
D) Nur Antwort 2. ist richtig.
E) Alle der gegebenen Aussagen sind richtig.

13. Welche Aussagen über die DNA Replikation sind korrekt?

1. Die DNA-Polymerase kann nur in 5'-3'-Richtung synthetisieren.
2. Die DNA-Polymerasen verwenden eine Hydroxygruppe als Startpunkt für ihre erste Verknüpfungsreaktion.
3. Bei der DNA-Replikation verläuft die Synthese eines Stranges kontinuierlich, die Synthese des anderen diskontinuierlich.
4. Mit jeder Zellteilung werden die Telomere verkürzt, das Enzym Telomerase kann diese Verkürzung wieder ausgleichen.

A) Antwort 1. und 3. sind richtig.
B) Antwort 2. und 3. sind richtig.
C) Antwort 3. und 4. sind richtig.
D) Nur Antwort 2. ist richtig.
E) Alle der gegebenen Aussagen sind richtig.

14. Enzyme, welche die DNA an ganz bestimmten Orten durchtrennen, nennt man?

A) Restriktionsenzym
B) DNA-Ligase
C) Nuklease
D) Telomerase
E) DNA-Polymerase

15. An das Codon der mRNA lagert sich immer eine spezifische Basensequenz der tRNA an, die man als ……….. bezeichnet.

A) Anticodon   B) Codogen   C) Primäres Codogen
D) Codein   E) Keine der gegebenen Antworten ist richtig.

16. Welche Aussagen stimmen?

1. Die Transkription findet in der menschlichen Zelle statt.
2. Ribosomen setzen sich aus zwei unterschiedlichen Untereinheiten zusammen.
3. Translation bedeutet Synthese von Proteinen.
4. Die mRNA verwendet Uracil.

A) Antwort 1. und 3. sind richtig.
B) Antwort 2. und 3. sind richtig.
C) Antwort 3. und 4. sind richtig.
D) Nur Antwort 2. ist richtig.
E) Alle der gegebenen Aussagen sind richtig.

17. Proteine bestehen aus...

A) Kohlenhydraten
B) Lipiden
C) Esterverbindungen
D) Anabolika
E) Aminosäuren

18. Fette bestehen aus meist drei verschiedenen Fettsäuren und...

A) Wasser
B) Cholesterin
C) LDL
D) Glycerin
E) Ethanol

19. Segelklappen befinden sich...

A) zwischen Vorhof und Kammer.
B) zwischen Ventrikel und Ausstrombahn der Herzkammern.
C) in den Kapillaren.
D) in den Alveolen.
E) in den Lymphbahnen.

20. Über welche Struktur kommt der Harn aus dem Nierenbecken in die Harnblase?

A) Harnröhre
B) Harnsammelrohr
C) Harnleiter
D) Glomeruli
E) Die Nieren liegen direkt der Harnblase auf, also direkt aus dem Nierenbecken.

21. Wie viel Primärharn produziert der Mensch täglich?

A) ca. 1-2L
B) ca. 500 mL - 1000 mL
C) ca. 3-20L
D) ca. 20-140L
E) ca. 140-200L

22. Sie messen bei einem Patienten einen Blutdruck von 125/80 mmHg, welche Schlussfolgerung können Sie daraus ziehen?

A) Während der Diastole beträgt der Druck in der gemessenen Arterie 125 mmHg.
B) Der Patient leidet an Bluthochdruck.
C) Während der Diastole beträgt der Druck 80 mmHg.
D) Die Diastole ist mit einer Kontraktion der beiden Herzkammern verbunden.
E) Der Patient sollte schnell in ein nahe gelegenes Krankenhaus.

23. Welche Aussagen über das Herz Kreislaufsystem sind korrekt?

1. Arterien münden über feinste Gefäße, den Kapillaren, in die Venen.
2. Zwischen dem rechten Vorhof und linken Vorhof besteht keine direkte Verbindung.
3. Das Blut fließt aus den Ventrikeln über Taschenklappen aus.
4. Stoffaustausch zwischen Blut und Gewebe erfolgt über die Lymphe.
5. Es gibt auch Venen, in denen sauerstoffreiches Blut fließt.

A) Antwort 1. und 3. sind richtig.
B) Antwort 2. und 3. sind richtig.
C) Antwort 3. und 4. sind richtig.
D) Nur Antwort 2. ist richtig.
E) Alle der gegebenen Aussagen sind richtig.

24. Welche Aussage über das Verdauungssystem stimmt nicht?

A) Die Speiseröhre tritt durch das Zwerchfell durch.
B) Die Verdauung beginnt bereits in der Mundhöhle.
C) Die Schleimhaut an der Innenseite des Darms wird regelmäßig erneuert.
D) Die von der Bauchspeicheldrüse gebildeten Enzyme münden in den Magen.
E) Die Gallenblase dient als Speicherreservoir für die in der Leber gebildeten Galle.

25. Welche Aussage über das Verdauungssystem stimmt nicht?

A) Die Fettspaltung erfolgt hauptsächlich im Dickdarm.
B) Wenn man fälschlicherweise von einer Blinddarmentzündung spricht, versteht man eine Entzündung des Wurmfortsatzes des Blinddarms.
C) Die in der Bauchspeicheldrüse gebildeten Enzyme sind für die Fettverdauung erforderlich.
D) Die Leber übernimmt die Entgiftung des Körpers.
E) Die Gallengänge münden im Dünndarm.

26. Sie kreuzen eine violette Erbse mit einer roten. Es ist bekannt, dass die violette Farbe im Bezug auf die Blütenfarbe homozygot-rezessiv veranlagt ist. Alle Nachkommen sind rot. Welche Aussage ist richtig?

A) Die getesteten roten Erbsen müssen reinerbig sein.
B) Die getesteten roten Erbsen müssen zumindest ein dominantes Allel aufweisen.
C) Die getesteten roten Erbsen sind ebenfalls reinerbig-rezessiv.
D) Der gezeigte Versuch beschreibt am besten die zweite Mendelsche Regel.
E) Keine der gegebenen Antworten ist richtig.

27. Wo findet die Befruchtung statt?

A) Uterus
B) Eileiter
C) Ovar
D) Vagina
E) Anus

28. Wann findet die 2. Reifeteilung der Eizelle im Menschen statt?

A) in der Pubertät
B) mit ungefähr 7 Jahren
C) noch vor der Geburt
D) erst nach dem Eindringen des Spermiums
E) nach der Befruchtung der Eizelle

29. Welche Reihenfolge ist korrekt?

A) Morula -> Zygote -> Blastozyste -> Trophoblast & Embryoblast
B) Blastozyste -> Trophoblast & Embryoblast -> Morula -> Zygote
C) Blastozyste -> Morula -> Zygote -> Trophoblast & Embryoblast
D) Morula -> Blastozyste -> Embryoblast & Trophoblast
E) Zygote -> Morula -> Blastozyste -> Trophoblast & Embryoblast

30. An welchem Tag erfolgt die Einnistung in die Uterusschleimhaut?

A) Die Nidation findet am 1.-2. Tag nach Befruchtung statt.
B) Die Nidation findet am 5.-7. Tag nach Befruchtung statt.
C) Die Nidation findet ca. einen Monat nach Befruchtung statt.
D) Die Nidation findet ca. zwei Monate nach Befruchtung statt.
E) Die Nidation findet ca. drei Monate nach Befruchtung statt.

31. Welches Hormon ermöglicht der Blastozyste die Einnistung in den Uterus?

A) Gastrin
B) hCG
C) Testosteron
D) Somatostatin
E) ADH

32. Wo befinden sich beim Spermium die Mitochondrien?

A) Akrosom
B) Kopfteil
C) Schwanz
D) Spermien besitzen keine Mitochondrien, da die mitochondriale Vererbung ausschließlich maternal erflogt.
E) Mittelstück

33. Aus dem Mesoderm entsteht / entstehen:

1. Knochen
2. Skelettmuskulatur
3. Leber
4. Harnröhre

A) Antwort 1. und 2. sind richtig.
B) Antwort 2. und 3. sind richtig.
C) Antwort 3. und 4. sind richtig.
D) Nur Antwort 2. ist richtig.
E) Alle der gegebenen Aussagen sind richtig.

34. Wo befinden sich die Gehörknöchelchen?

A) im Gehörgang
B) im Mittelohr
C) im ovalen Fenster
D) in der Ohrtrompete
E) im Paukengang

35. Die Aderhaut bildet die Mittelschicht zw. weißer Augenhaut und...

A) Netzhaut (Retina)
B) Lederhaut
C) Aderhaut
D) Kammerwasser
E) Vakuum

36. MHC-Proteine sind maßgeblich an der Antigenpräsentation beteiligt. Man unterscheidet MHC-I und MHC-II Proteine. Auf welchen Zellen kommen MHC-II Proteine vor?

A) Dendritischen Zellen
B) Gedächtniszellen
C) T- Lymphozyten
D) T- Killerzellen
E) T- Unterdrückerzellen

37. Das Hormon ACTH wird vom Hypophysenvorderlappen ausgeschüttet. Auf welches Organ hat ACTH primär eine Wirkung?

A) Schilddrüse   B) Uterus   C) Nebenniere   D) Muskel   E) Milchdrüse

38. In welchem Organ werden neben den Ovarien und Hoden noch Geschlechtshormone produziert?

A) Harnblase
B) Bauchspeicheldrüse
C) Niere
D) Schilddrüse
E) Hypophyse

39. Das Trommelfell trennt...

A) Mittelohr vom Vorhofgang.
B) Mittelohr von der Ohrtrompete.
C) Außenohr vom Mittelohr.
D) Außenohr von der Ohrtrompete.
E) Mittelohr vom Schneckengang.

40. Wie groß ist die menschliche Riechschleimhaut?

A) ca. 2 x 20 cm^2
B) ca. 2 x 1 cm^2
C) ca. 2 x 5 cm^2
D) ca. 2 x 24 cm^2
E) ca. 2 x 43 cm^2

Chemie – 24 Aufgaben: 18 Minuten Bearbeitungszeit

41. Welche Oxidationszahl hat Sauerstoff in dieser Verbindung: O=O

A) +1   B) 0   C) -1   D) -2   E) einmal +2 und einmal -2

42. Was unterscheidet ein Alkan von einem Alkin?

A) eine unterschiedliche Art an Bindung zwischen den Kohlenstoffatomen
B) eine unterschiedliche Anzahl an Kohlenstoffatomen
C) Unterschiede in der Kettenlänge
D) eine unterschiedliche Anzahl an Doppelbindungen
E) Bei Alkinen kommt mindestens eine C-C- Doppelbindung vor.

43. Welche der gezeigten funktionellen Gruppen ist / sind richtig bezeichnet?

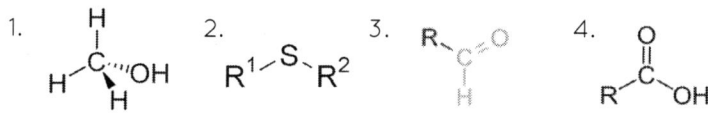

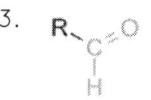

1. Alkohol   2. Thioether   3. Keton   4. Carbonsäure

A) Antwort 1. und 3. sind richtig.
B) Antwort 2. und 4. sind richtig.
C) Antwort 1. und 2. sind richtig.
D) Nur Antwort 4. ist richtig.
E) Antwort 1., 2. und 4. sind richtig.

44. Welche Aussage über Aggregatzustände und deren Übergänge ist/sind korrekt?

1. Ein Eis/ Wassergemisch ist ein Aerosol.
2. Ein Gemisch zwischen einer gasförmigen und einer flüssigen Phase ist eine Emulsion.
3. von fest in gasförmig: verdampfen
4. von fest in flüssig: sublimieren

A) Antwort 1. und 3. sind richtig.
B) Antwort 2. und 4. sind richtig.
C) Keine der gegebenen Antworten ist richtig.
D) Antwort 3. und 4. sind richtig.
E) Nur Antwort 3. ist richtig.

45. Welche Aussage über Basen und Säuren ist falsch?

A) Basen können als Protonenakzeptoren auftreten.
B) Wasser kann sowohl als Base als auch als Säure reagieren.
C) Starke Säuren dissoziieren (fast) vollständig.
D) Je kleiner der pKS-Wert ist, desto stärker ist die Säure.
E) Als Basen werden Verbindungen bezeichnet, die in wässriger Lösung in der Lage sind, Hydroxidionen (OH-) zu bilden und somit den pH-Wert einer Lösung zu erniedrigen.

46. Welches Vitamin gehört NICHT zu den fettlöslichen?

A) Cobalamin
B) Retinol
C) Tocopherol
D) Cholecalciferol
E) Vitamin K

47. Welche der folgenden Wörter entspricht keiner Aminosäure?

A) Prolektin
B) Valin
C) Isoleucin
D) Phenylalanin
E) Methionin

48. Hexan hat seinen Siedepunkt bei 69°C,...

A) Methan hat einen ähnlichen Siedepunkt.
B) Octane haben einen Siedepunkt über 69°C.
C) Butane haben einen Siedepunkt über 69°C.
D) Pentane besitzen genau 10 Wasserstoffatome.
E) Propan hat einen ähnlichen Siedepunkt wie Octane.

49. Halogene: Welche Aussage ist falsch?

A) Iod ist ein Halogen, es spielt in der Schilddrüsenfunktion eine wichtige Rolle.
B) Fluor ist in fast allen Zahnpasten vorzufinden.
C) Halogene sind äußerst reaktionsträge.
D) Sie besitzen 7 Valenzelektronen.
E) Schwefel ist kein Halogen.

50. Welche Formel beschreibt Wasserstoffcyanid?

A) H2CN   B) HCN   C) NH3   D) CNH4   E) CH4

51. Welche der folgenden Aussagen ist korrekt?

1. Ionenbindungen entstehen zwischen zwei Elementen mit großer Elektronegativitätsdifferenz.
2. NaCl ist eine Ionenbindung.
3. Kovalente Bindungen bauen sich gerne zwischen Atomen von Nichtmetallen auf.
4. In einer Metallbindung ist die freie Beweglichkeit der Elektronen eingeschränkter als in anderen Bindungen.

A) Antwort 1. und 2. sind richtig.
B) Antwort 1. und 3. sind richtig.
C) Antwort 2. und 4. sind richtig.
D) Antwort 1., 2. und 3. sind richtig.
E) Nur Antwort 4. ist richtig.

52. Welche Aussage über die Thermodynamik ist falsch?

A) Verläuft eine Reaktion exotherm, so läuft sie freiwillig ab.
B) Ist die Gibbs-Energie >0, so ist Energiezufuhr notwendig, damit eine bestimmte Reaktion abläuft.
C) Die Entropie beschreibt das Maß für die Unkenntnis des atomaren Zustands.
D) Die Enthalpie ist eine Energie.
E) Ist die Gibbs-Energie <0, so handelt es sich um eine exergone Reaktion, die freiwillig abläuft.

53. Ein Katalysator...

1. wird nach Entstehung des Produktes unverändert freigesetzt.
2. kann die Aktivierungsenergie verändern.
3. kann die Reaktionsgeschwindigkeit erhöhen.
4. hat keinen Einfluss auf die Lage des Reaktionsgleichgewichts.

A) Antwort 1. und 2. sind richtig.
B) Antwort 1. und 3. sind richtig.
C) Antwort 2. und 4. sind richtig.
D) Antwort 1., 2. und 3. sind richtig.
E) Alle der gegebenen Antworten sind richtig.

54. Wie viele Wasserstoffatome hat ein Alkan mit 10 Kohlenstoffatomen?

A) 20
B) 18
C) 22
D) 24
E) 25

55. Welche Aussage ist richtig?

A) Es handelt sich um einen primären Alkohol.
B) Es handelt sich um einen zweiwertigen Alkohol.
C) Die Verbindung heißt Methanol.
D) Es handelt sich um einen tertiären Alkohol.
E) Bei dieser Verbindung handelt es sich um ein Alken.

56. Welches der folgenden Elemente befindet sich nicht in der 2. Periode?

A) Phosphor
B) Kohlenstoff
C) Sauerstoff
D) Stickstoff
E) Fluor

57. Welche Aussage zu Aminosäuren ist korrekt?

A) Alle Aminosäuren sind essentiell.
B) Es gibt nur saure bzw. basische Aminosäuren.
C) Aminosäuren sind Ampholyte.
D) Es gibt Aminosäuren, die keine Dissoziationsstufen besitzen.
E) Mehrere Aminosäuren bilden zusammengehängt Kohlenhydrate.

58. Welche Aussage ist falsch?

A) Cholesterin ist ein Molekül mit 4 Kohlenstoffringen.
B) Cholesterin ist in biologischen Zellmembranen enthalten.
C) Cholesterin ist eine Vorstufe für Steroidhormone.
D) Gallensäure wird mit Hilfe von Cholesterin gebildet.
E) Die Vorstufe von Vitamin E wird aus Cholesterin gebildet.

59. Man unterscheidet Alkohole nach der Zahl der Nichtwasserstoffnachbarn des Kohlenstoffatoms, an welchem sich die Hydroxygruppe befindet. Bei primären Alkoholen trägt es...

A) zwei Wasserstoffatome.
B) drei Wasserstoffatome.
C) ein Wasserstoffatom.
D) kein Wasserstoffatom.
E) vier Wasserstoffatome.

60. Welche Aussage zu Redoxreaktionen ist korrekt?

1. Reduktion bedeutet eine Elektronenabgabe.
2. Das Oxidationsmittel kann Elektronen aufnehmen.
3. Unter Hydrierung versteht man in der Chemie die Addition von Wasserstoff an andere chemische Elemente oder Verbindungen.

A) Antwort 1. und 2. sind richtig.
B) Antwort 1. und 3. sind richtig.
C) Antwort 2. und 3. sind richtig.
D) Antwort 1., 2. und 3. sind richtig.
E) Alle der gegebenen Antworten sind nicht richtig.

61. Welche Aussage zu den Kohlenhydraten ist falsch?

A) Stärke ist ein pflanzlicher Kohlenhydratspeicher.
B) Glykogen ist die Speicherform der Kohlenhydrate bei Menschen.
C) Laktose: 1 Molekül Galaktose + 1 Molekül Galaktose
D) Maltose: 2 Glucose-Moleküle
E) Saccharose: 1 Molekül Glucose + 1 Molekül Fructose

62. Welche Aussage Säure/ Base betreffend ist falsch?

A) Chlorwasserstoff ist eine sehr starke Säure.
B) Ein PH- Wert von 7 entspricht dem Begriff neutral.
C) pH + pOH = 14
D) Der Kohlensäurepuffer hat keine Bedeutung für den Menschen.
E) Basen und Säuren können sich gegenseitig neutralisieren.

63. Welche Aussage zum Atom ist hier richtig?

A) Ein Kation ist ein positiv geladenes Ion.
B) Elektronen liegen im Atomkern.
C) Isotope unterscheiden sich in ihrer Protonenzahl.
D) Die Hauptquantenzahl n gibt die Art des Orbitals an.
E) Die Elektronen besetzen die Elektronenhülle nach einem Zufallsprinzip.

64. Isotherme Zustandsänderungen...

A) finden bei konstanter Temperatur statt.
B) finden nicht bei konstanter Temperatur statt.
C) können nicht durch isotherme Expansionen realisiert werden.
D) können nicht durch isotherme Kompressionen realisiert werden.
E) können auch nicht annäherungsweise durch Wärmebäder erreicht werden.

Physik – 18 Aufgaben: 16 Minuten Bearbeitungszeit

65. Welche Frage zu SI- Einheiten ist korrekt?

A) Das Einheitszeichen der Basiseinheit Sekunde ist „t".
B) Die Menge ist eine Basisgröße.
C) Elektrische Stromstärke trägt die Einheit Volt.
D) Lichtstärke wird in Candela angegeben.
E) Keine der genannten Antworten ist korrekt.

66. 50 L entsprechen...

A) $50 * 10^3$ cm^3
B) 50 cm^3
C) 500 dm^3
D) 5 dm^3
E) Keine der genannten Antworten ist korrekt.

67. Welche Aussage die Energie betreffend ist richtig?

A) Potentielle Energie = $(m*v^2)^2$
B) Leistung beschreibt: W/t
C) Ein Perpetuum mobile erster Art ist möglich.
D) Arbeit ist gleich Kraft * Zeit
E) Potentielle Energie = m*h

68. Welche Aussage ist FALSCH?

A) Ein Wölbspiegel liefert verkleinerte, aufrechte Bilder.
B) Ein Planspiegel liefert seitenverkehrte, virtuelle Bilder.
C) Ein Bild, das man scharf sehen kann, aber sich hinter dem Spiegel befindet, bezeichnet man als reelles Bild.
D) Sammellinsen sind in der Mitte dicker als am Rande.
E) Bei Planspiegeln entspricht der Einfallswinkel dem Ausfallswinkel.

69. Als Akkommodation bezeichnet man...

A) den Vorgang der Anpassung an die vorherrschenden Lichtverhältnisse.
B) die Fähigkeit, auch bei direktem Windaufprall auf das Auge, zu sehen.
C) die Fähigkeit die Hornhaut zu krümmen, um Objekte scharf sehen zu können.
D) die Druckerhöhung im inneren des Augapfels, um ein Ablösen der Retina zu verhindern.
E) die Fähigkeit die Linse zu verformen, um ein scharfes Bild entstehen zu lassen.

70. Welche der folgenden Aussagen ist nicht korrekt?

A) Beim absoluten Nullpunkt herrscht eine Temperatur von 0 Kelvin und -273,15C°.
B) Bei tiefen Temperaturen werden Atombewegungen langsamer.
C) Zwar entsprechen 0 Grad C° und 0 Kelvin nicht der selben Temperatur, dennoch verlaufen die Intervalle auf beiden Skalen gleich – nur versetzt.
D) Die thermodynamische Temperatur bezieht sich nicht auf den begründeten absoluten Nullpunkt.
E) Kelvin ist die Basiseinheit für die Temperatur.

71. Welche Aussagen sind korrekt?

1. c = Lambda * f
2. Je kürzer die Wellenlänge, desto größer ist die Frequenz.
3. Die Lichtgeschwindigkeit im Vakuum beträgt ca. 300.000 km/s.

A) Antwort 1. und 2. sind richtig.
B) Antwort 2. und 3. sind richtig.
C) Antwort 1. und 3. sind richtig.
D) Nur Antwort 1. ist richtig.
E) Antwort 1., 2. und 3. sind richtig.

72. Welche Aussage zum Lambert-Beerschen Gesetz ist falsch?

A) Es beschreibt die Abschwächung der Intensität einer Strahlung beim Durchgang durch ein Medium mit einer absorbierenden Substanz.
B) Die Schichtdicke nimmt Einfluss auf die Extinktion.
C) Ein exponentieller Abfall der Intensität des Lichts kann durch das Gesetz beschrieben werden.
D) Die Konzentration der absorbierenden Substanz spielt keine Rolle im Lambert- beerschen Gesetz.
E) Das Gesetz ist wichtig im Zusammenhang mit der Blutuntersuchung: Photometrie.

73. Ein Körper beschleunigt gleichmäßig. Sie zeichnen ein Diagramm: auf der x- Achse die Zeit und auf der y- Achse die Geschwindigkeit. Welches Bild ergibt sich?

A) eine horizontale Gerade
B) eine exponentiell steigende Funktion
C) eine exponentiell fallende Funktion
D) eine Parabel
E) eine steigende Gerade

74. Sie cruisen in einem Auto mit einer Beschleunigung von 4 m/s². Wie viele Meter werden innerhalb von 2 Minuten zurückgelegt?

A) ca. 10 km
B) ca. 60 km
C) ca. 120 km
D) ca. 28.8 km
E) ca. 360 km

75. Was ist eine elektromagnetische Welle?

A) Eine Longitudinalwelle, die sich aus magnetischen und elektrischen Feldern zusammensetzt.
B) Eine Welle aus gekoppelten magnetischen und elektrischen Feldern.
C) Eine Welle, die nur in eine Raumrichtung schwingt.
D) Sie besteht aus normal zueinander stehenden Longitudinalwellen.
E) Röntgenstrahlen werden nicht als elektromagnetischen Wellen bezeichnet.

76. Eine Spannung beträgt 200 V, der Gesamtwiderstand 800 Ohm. Welche Stromstärke resultiert daraus?

A) 0.25 A
B) 4 A
C) 2 A
D) 1600 A
E) 220 A

77. Wie groß ist die elektrische Energie bei einer 600 W Glühbirne, die zwei Stunden verwendet wird?

A) 450.000 Ws
B) 4.680.000 Ws
C) 4.320.000 Ws
D) 479.000 Ws
E) 530.000 Ws

78. Die Dichte von Quecksilber beträgt 13.55 g/cm³. Wie hoch ist der hydrostatische Druck in einer 10 Meter Quecksilbersäule?

A) ca. 400.000 Pascal
B) ca. 200.000 Pascal
C) ca. 800.000 Pascal
D) ca. 750.000 Pascal
E) ca. 1.300.000 Pascal

79. Was besagt das Pauli Prinzip?

A) Die Protonen- und die Neutronenanzahl eines Atoms dürfen nicht derselben Anzahl entsprechen.
B) Jedes Orbital wird zuerst einfach und dann doppelt besetzt.
C) Ort und Impuls eines Elektrons können nicht gleichzeitig bestimmt werden.
D) Die Elektronen eines Atoms müssen sich in mindestens einer Quantenzahl unterscheiden.
E) Die Elektronen besetzen durch ein Zufallsprinzip eine unterschiedliche Atomhülle.

80. Was ist ein ideales Gas?

A) Alle Edelgase sind ideale Gase.
B) Ein ideales Gas stellt ein Modell, als starke Vereinfachung dar, mit dem sich viele thermodynamische Gas-Prozesse verstehen und mathematisch beschreiben lassen.
C) Es beschreibt ein Gas ohne der Miteinbeziehung von Wänden, die den Abstoß von Atomen beeinflussen können.
D) Die Zustandsgleichung für Gase verknüpft ausschließlich die Zustandsgrößen Druck (p), Volumen (V) und Temperatur (T).
E) Die Gaszustandsgleichung enthält keine Konstanten.

81. Welche der Einheiten gehört zur elektrischen Ladung?

1. C
2. A*s
3. W/V *U
4. U

A) Antwort 1. und 2.
B) Nur Antwort 4.
C) Antwort 3. und 4.
D) Nur Antwort 3.
E) Nur Antwort 2.

82. Wie viel Prozent einer radioaktiven Substanz sind nach 30 Tagen noch vorhanden, wenn bekannt ist, dass die Halbwertszeit 10 Tagen entspricht?

A) 50%
B) 60%
C) 25%
D) 12,5%
E) 6%

Mathematik - 12 Aufgaben: 11 Minuten Bearbeitungszeit

83. Berechnen Sie das Volumen eines senkrechten Kreiszylinders mit einem gegebenen Radius von 0.5 Metern und einer Höhe von 15 Metern.

A) ca. 12 m³   B) ca. 9 m³   C) ca. 2 m³   D) ca. 8 m³   E) ca. 4 m³

84. Das Volumen einer Kugel mit einem Radius von 2 Metern beträgt?

A) < 18 m³
B) 18 - 24 m³
C) 24 - 40 m³
D) 40 - 70 m³
E) >70 m³

85. Wie lautet das Ergebnis folgender Rechnung? $10^{-7} / 10^5 = x$

A) $x = 10^{-3}$ B) $x = 10^{-5}$ C) $x = 10^{-2}$ D) $x = 10^2$ E) $x = 10^{-12}$

86. Welcher Graph ist hier aufgezeichnet?

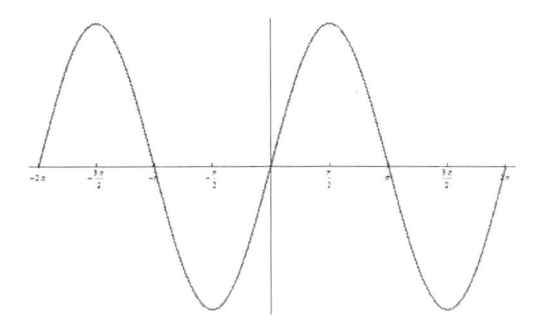

A) Cosinus (x)
B) Sinus (x)
C) Tangens (x)
D) Sinus/Cosinus (x)
E) Cosinus/Tangens (x)

87. Welche Aussage zu Winkelfunktionen ist korrekt?

A) Sinus eines Winkels ist Gegenkathete/ Ankathete.
B) Cosinus eines Winkels ist Hypotenuse/ Ankathete.
C) Tangens eines Winkels ist cos/ sin.
D) Sinus eines Winkels ist Gegenkathete/ Hypotenuse.
E) Sinus bei 180° ist 1.

88. Das Präfix „Nano" steht für...

A) 10^{10} B) 10^{-6} C) 10^{-9} D) 10^{6} E) 10^{-12}

89. Vier Katzen fressen acht Whiskas® Beutel in vier Stunden. Wie viele Whiskas® Beutel können von sechs Katzen in zwei Stunden gefressen werden?

A) 6   B) 4   C) 8   D) 12   E) 2

90. 180° sind umgerechnet...

A) $\pi/2$ rad
B) $\pi/4$ rad
C) π rad
D) 2π rad
E) 4π rad

91. Welche Fläche hat ein Kreis mit einem Umfang von 8 cm?

A) ca. 2 cm²
B) ca. 5 cm²
C) ca. 8 cm²
D) ca. 16 cm²
E) ca. 32 cm²

92. 14 Tage bestehen aus wie vielen Sekunden?

A) 1209600 s
B) 1294938*10^6 s
C) 8493000*10^9 s
D) 4883200*10^-9 s
E) 1209600*10^6 s

93. Die Steigung einer linearen Gleichung...

A) beträgt 1.
B) beträgt 0.
C) besitzt immer den selben Wert.
D) beträgt 2.
E) ändert sich im Verlaufe der Funktion.

94. Wie oft ist ein cm in einem km enthalten?

A) 10^2 B) 10^5 C) 10^3 D) 10^6 E) 10^8

HUMANMED: Textverständnis – 12 Aufgaben: 35 Minuten Bearbeitungszeit

Text 1: Morbus Fabry

Morbus Fabry, auch Fabry-Krankheit, Fabry-Syndrom oder Fabry-Anderson-Krankheit genannt, ist eine seltene angeborene monogenetische Stoffwechselstörung aus der Gruppe der lysosomalen Speicherkrankheiten. Bei den betroffenen Patienten ist durch eine Mutation auf dem X-Chromosom die Aktivität des Enzyms α-Galactosidase A so stark reduziert, dass in den Lysosomen vor allem das Stoffwechselprodukt Globotriaosylceramid (auch Gb3 oder auch GL-3 genannt, ein Glycosphingolipid) nicht mehr ausreichend abgebaut werden kann. Gb3 sammelt sich vor allem in den Zellen der Innenauskleidung der Blutgefäße, den Endothelzellen, an. Im Verlauf der Erkrankung werden diese Ansammlungen pathologisch, das heißt, sie lösen die Fabry-Krankheit aus. Je nach Krankheitsverlauf kann dies unter Umständen Jahrzehnte dauern.

Der Morbus Fabry ist eine Multisystemerkrankung, die eine Vielzahl von Organen des Körpers betreffen kann. Abhängig von den betroffenen Organen können sehr unterschiedliche Symptome auftreten. Die individuell sehr unterschiedliche Ausprägung der Erkrankung und ihre Seltenheit erschweren die Diagnose erheblich, meist wird sie erst viele Jahre nach dem Auftreten der ersten Symptome korrekt gestellt. Die Erkrankung betrifft vor allem das männliche Geschlecht, aber auch heterozygote Frauen können erkranken. Bei ihnen ist die Erkrankung aber meist weniger stark ausgeprägt und beginnt erst im mittleren Alter klinisch relevant zu werden. Die Lebensqualität der an Morbus Fabry erkrankten Personen ist ausgesprochen schlecht und mit der von AIDS-Patienten vergleichbar.

Mit der Enzymersatztherapie ist die Krankheit seit dem Jahr 2001 kausal behandelbar. Die Patienten erhalten dabei ihr Leben lang gentechnisch produzierte α-Galactosidase A als Infusion. Morbus Fabry ist derzeit nicht heilbar. Unbehandelt erreichen männliche Patienten im Durchschnitt ein Alter von etwa 50, Patientinnen von etwa 70 Jahren. Die Hauptursachen für die frühe Sterblichkeit sind chronisches Nierenversagen, Schädigung des Herzens und eine Beeinträchtigung der Blutversorgung des Gehirns.

Die Erkrankung wurde 1898 unabhängig voneinander von dem Deutschen Johannes Fabry und dem Engländer William Anderson erstmals beschrieben.

Dieser Artikel basiert auf dem Artikel Morbus Fabry (https://de.wikipedia.org/wiki/Morbus_Fabry) aus der freien Enzyklopädie Wikipedia und steht unter der Doppellizenz GNU-Lizenz für freie Dokumentation und Creative Commons CC-BY-SA 3.0 Unported (http://creativecommons.org/licenses/by-sa/3.0/de/). In der Wikipedia ist eine Liste der Autoren (https://de.wikipedia.org/w/index.php?title=Morbus_Fabry&action=history) verfügbar.

Aufgabe 95:
Welche der folgenden Aussagen ist korrekt?

A) Frauen und Männer erkranken gleich oft an dieser Erkrankung.
B) Die Nebenwirkungen prägen sich bei Frauen stärker aus.
C) Nur homozygote Trägerinnen können erkranken.
D) Frauen sterben früher an der Krankheit als Männer.
E) Morbus Fabry wird durch Verabreichung von α-Galactosidase A behandelt.

Aufgabe 96:
Welche der folgenden Aussagen ist falsch?

A) Morbus Fabry beschreibt eine x-chromosomale Mutation.
B) Ein unzureichender Abbau von Gb3 löst im Laufe der Jahre diese Erkrankung aus.
C) AIDS-PatientInnen leiden ebenfalls an einem Gb3 Abbaudefekt.
D) Morbus Fabry ist zurzeit unheilbar.
E) Multisystemerkrankungen sind eine typische Folge dieser Erkrankung.

Aufgabe 97:
Welche Aussage entspricht der Wahrheit?

A) Alle Morbus Fabry Patientinnen sterben auf Grund der Beeinträchtigung der Blutversorgung des Gehirns.
B) Der Name der Erkrankung wird vom englischen Johannes Fabry abgeleitet.
C) Die Erkrankung zeichnet sich dadurch aus, dass Glycosphingolipide in einem zu großen Umfange abgebaut werden.
D) Morbus Fabry stellt eine Erkrankung der Lysosomen dar.
E) Morbus Fabry ist eine polygenetische Stoffwechselerkrankung.

Text 2: Sarkoidose

Die Sarkoidose (von griechisch σαρκωειδής sarkoeidés fleischartig', fleischig'), auch als Morbus Boeck (buːk) oder Morbus Schaumann-Besnier bezeichnet, ist eine systemische Erkrankung des Bindegewebes mit Granulombildung, die meistens zwischen dem 20. und 40. Lebensjahr auftritt. Die genaue Ursache der Krankheit ist bis heute unbekannt.

Bei der Sarkoidose bilden sich mikroskopisch kleine Knötchen (Granulome) in dem betroffenen Organgewebe, verbunden mit einer verstärkten Immunantwort. Besonders betroffen sind Lymphknoten (90 % der Fälle, Lymphknotensarkoidose) sowie die Lunge (90 %, Lungensarkoidose). Aber auch andere Organe wie Leber (60-90 %, Lebersarkoidose), Augen (25 %, Augensarkoidose), Herz (5 %, Herzsarkoidose), Skelett (25-50 %, Skelettsarkoidose), Milz (50-60 %, Milzsarkoidose) oder Haut (25-50 %, Hautsarkoidose) und das Knochenmark (15-40 %) können betroffen sein. Ist das Nervengewebe befallen, so spricht man von einer Neurosarkoidose. Da die Erkrankung familiär gehäuft auftreten kann, wird eine genetische Veranlagung vermutet. Im Februar 2005 wurde eine erste Genveränderung gefunden, die mit einem Ausbrechen der Krankheit korreliert. So reicht die Mutation eines einzigen Basenpaars im Gen BTNL2 auf Chromosom 6 aus, um die Erkrankungswahrscheinlichkeit um 60 %zu erhöhen. Eine Veränderung der Genkopien auf beiden Chromosomen erhöht das Risiko auf das Dreifache. BTNL2 beeinflusst eine Entzündungsreaktion, die bestimmte weiße Blutkörperchen aktiviert. Man unterscheidet eine zunächst akut verlaufende Form der Sarkoidose, das sogenannte Löfgren-Syndrom, von der schleichend und symptomarm einsetzenden chronischen Verlaufsform. In Deutschland tritt die Sarkoidose in 20 bis 30 Fällen auf 100.000 Einwohner auf.

Erstmals war sie von Ernest Besnier und Cæsar Peter Møller Boeck in den Jahren 1889 und 1899 als Hauterkrankung beschrieben worden. Im Jahre 1924 erkannte Jörgen Nilsen Schaumann, dass es sich hierbei um eine systemische Erkrankung verschiedener Organe handelt. Der Schwede Sven Halvar Löfgren beschrieb 1953 die nach ihm benannte akute Verlaufsform.

Eine erhöhte inflammatorische Aktivität und eine gesteigerte zelluläre Immunantwort mit Entstehung von nicht-einschmelzenden Granulomen bilden die Pathogenese. Diese Granulome zeigen differenzierte Epitheloid- und Riesenzellen. Der beschriebenen Entzündungsreaktion liegt eine Störung der T-Lymphozytenfunktion bei gleichzeitig erhöhter B-Lymphozytenaktivität zugrunde. Dabei kommt es zu einer lokalen immunologischen Überaktivität mit oben beschriebener Granulombildung insbesondere im Lungengewebe und dem lymphatischen System.

Dieser Artikel basiert auf dem Artikel Sarkoidose (https://de.wikipedia.org/wiki/Sarkoidose) aus der freien Enzyklopädie Wikipedia und steht unter der Doppellizenz GNU-Lizenz für freie Dokumentation und Creative Commons CC-BY-SA 3.0 Unported (http://creativecommons.org/licenses/by-sa/3.0/de/). In der Wikipedia ist eine Liste der Autoren (https://de.wikipedia.org/w/index.php?title=Sarkoidose&action=history) verfügbar.

Aufgabe 98:
Das Löfgren-Syndrom beschreibt...

A) eine chronisch verlaufende Erkrankung.
B) eine symptomarme Verlaufsform.
C) eine schleichende Verlaufsform.
D) eine akut einsetzende Erkrankung.
E) eine Erkrankung ohne Granulombildung.

Aufgabe 99:
Histologisch findet man bei der Sarkoidose welches Bild vor?

A) Granulome mit Riesenzellen und Epitheloidzellen.
B) Granulome mit ausschließlich Riesenzellen.
C) Granulome mit ausschließlich Epitheloidzellen.
D) Granulome mit ausschließlich lymphatischen Zellen.
E) Granulome mit ausschließlich Endothelzellen.

Aufgabe 100:
Sarkoidose...

A) betrifft in mehr als 50% der Fälle die Haut.
B) wurde früher versehentlich als ausschließliche Hauterkrankung beschrieben.
C) Leber, Lunge und Lymphknoten sind am seltensten befallen.
D) Auf Grund des Aufbaues kann das Nervengewebe nicht befallen werden.
E) wurde von Beginn an als systemische Erkrankung beschrieben.

Text 3: Tapeverband

Ein Tapeverband aus Pflasterklebeband, oft auch kurz als Tape oder Taping bezeichnet, wird in Sportmedizin, Unfallchirurgie und Orthopädie sowohl zur Behandlung als auch zur Prävention eingesetzt. Er stellt dabei die behandelten Gelenke oder Muskeln nicht vollständig ruhig, sondern verhindert nur unerwünschte oder übermäßige Bewegungen (funktioneller Verband). Die Wirkung beruht darauf, dass die auf der Haut haftenden Pflasterstreifen die auftretenden Kräfte auf die Haut übertragen und so beispielsweise den Kapsel-Band-Apparat eines Gelenkes stützen (Augmentation) und die Wahrnehmung von Körperbewegung verbessern (Propriozeption). Zudem können sie einer Anschwellung des Gewebes entgegenwirken (Kompression) oder verletzte Gelenke oder Knochen an unverletzten fixieren (Schienung). Die Anwendungsmöglichkeiten von Tapeverbänden sind vielseitig, geeignete Verbände sind unter anderem für alle Gelenke an Armen und Beinen beschrieben.

Grundsätzlich sind die für Tapeverbände verwendeten Pflasterstreifen unelastisch und einseitig mit einer Klebemasse beschichtet. Dabei unterscheidet man abhängig von der Funktion Anker-, Zügel-, Fixations- und Schalungsstreifen. Verbandsmaterial, das noch vor den Pflasterstreifen als erste Schicht auf die Haut aufgebracht wird, bezeichnet man als Unterziehtape. Unterziehtape und Pflasterklebestreifen werden ohne nennenswerten Anpressdruck faltenfrei angelegt. Voraussetzung dafür sind sowohl eine kompetente Diagnose als auch entsprechendes Fachwissen des Behandlers. Als typische Komplikationen gelten Hautreizungen, Kompartmentsyndrom und verfrühter Verlust der stabilisierenden Wirkung. Die Studienlage dieser Therapieform ist abhängig von der Indikation und Lokalisation. So gelten beispielsweise Tapeverbände zwar als „[...] die wissenschaftlich am besten untersuchte äußere Stabilisierungshilfe des Sprunggelenkes", zur Anwendung bei einer bestimmten Art von Brüchen am fünften Mittelhandknochen findet sich aber nur eine Studie von mangelhafter Qualität.

Die Verwendung des englischen Begriffes Tape in diesem Zusammenhang geht bis ins 19. Jahrhundert zurück. Bereits im Jahr 1892 hatte Paul Carl Beiersdorf selbstklebende Pflastersteifen unter dem Namen Leukoplast auf den Markt gebracht, die rasch zu entsprechenden neuen Empfehlungen für Verbände führten.

Dieser Artikel basiert auf dem Artikel Tapeverband (https://de.wikipedia.org/wiki/Tapeverband) aus der freien Enzyklopädie Wikipedia und steht unter der Doppellizenz GNU-Lizenz für freie Dokumentation und Creative Commons CC-BY-SA 3.0 Unported (http://creativecommons.org/licenses/by-sa/3.0/de/). In der Wikipedia ist eine Liste der Autoren (https://de.wikipedia.org/w/index.php?title=Tapeverband&action=history) verfügbar.

Aufgabe 101:
Tapeverbände...

A) werden zur Diagnose eingesetzt.
B) verschlechtern die Wahrnehmung von Körperbewegung.
C) stellen die behandelten Gelenke vollständig ruhig.
D) können ein Kompartmentsyndrom hervorrufen.
E) Durch gute Platzierung können Hautreizungen ausgeschlossen werden.

Aufgabe 102:
Die bei Tapeverbänden verwendeten Pflasterstreifen...

1) sind unelastisch.
2) sind mit Klebemasse beschichtet.
3) können die Funktion von Anker-, Zügel-, Fixations- und Schalungsstreifen annehmen.
4) können über einem Unterziehtape angebracht werden.

A) Antwort 1., 2. und 3. sind richtig.
B) Antwort 1. und 3. sind richtig.
C) Antwort 2. und 4. sind richtig.
D) Antwort 1., 2. und 4. sind richtig.
E) Alle der gegebenen Antworten sind richtig.

Aufgabe 103:
Welche Funktionen übernehmen Tapeverbände?

1. Schienung
2. Augmentation
3. Kompression
4. Propriozeption

A) Antwort 1., 2. und 3. sind richtig.
B) Antwort 1. und 3. sind richtig.
C) Antwort 2. und 4. sind richtig.
D) Antwort 1., 2. und 4. sind richtig.
E) Alle der gegebenen Antworten sind richtig.

Text 4: Konzepte zur Überwindung der Blut-Hirn-Schranke

Die Windpocken (Varizella/Varizellen) sind eine durch Tröpfcheninfektion übertragene Erkrankung, die durch das Varizella-Zoster-Virus ausgelöst wird. Andere Bezeichnungen für Windpocken sind Wasserpocken, Spitzblattern, Spitze Blattern, Wilde Blattern, vor allem in Österreich Feuchtblattern, Schafplattern bzw. Schafblattern. Der Name Windpocken kommt von der hohen Ansteckungsfähigkeit dieser Viren, die auch über einige Meter in der Luft übertragen werden. Die Windpocken sind zu unterscheiden von den Pocken (Variola), einer gefährlichen Infektionskrankheit, die von Viren der Gattung Orthopoxvirus verursacht wird.

Die Windpocken betreffen überwiegend Kinder im Vorschulalter und führen bei der Mehrzahl der Infizierten anschließend zu einer lebenslangen Immunität, weshalb man sie auch zu den Kinderkrankheiten zählt. Symptome sind im Wesentlichen Fieber und ein charakteristischer, juckender Hautausschlag mit wasserklaren Bläschen. Es können Komplikationen in Form von Kleinhirn- oder Hirnentzündungen, einer Lungenentzündung oder bakteriellen Superinfektionen der Haut auftreten.

Da es sich um eine Virusinfektion handelt, ist die Behandlung in der Regel symptomatisch. In besonderen Fällen – beispielsweise bei immunsupprimierten Patienten – kann ein Virostatikum eingesetzt werden. Nachdem die Krankheitszeichen abgeklungen sind, verbleiben Varizella-Viren in den Spinal- oder Hirnnervenganglien und können von hier aus in Form einer Gürtelrose (Herpes Zoster) wieder reaktiviert werden.

Zur Prophylaxe gibt es eine Impfung, die seit Juli 2004 in Deutschland allgemein empfohlen ist. Seit August 2006 ist auch ein Mehrfachimpfstoff gegen Masern, Mumps, Röteln und Windpocken verfügbar. Auch eine Postexpositionsprophylaxe mit Passiv-Impfung oder mit Virostatika ist möglich.

Die Erkrankung an Windpocken sowie der labordiagnostische Nachweis sind in Deutschland mit der Änderung des Infektionsschutzgesetzes vom 29. März 2013 meldepflichtig geworden.

Der Erreger der Windpocken ist das Varizella-Zoster-Virus (VZV), das gemäß der Virus-Taxonomie auch als Humanes Herpesvirus 3 (HHV-3) bezeichnet wird. Einziges bekanntes Reservoir ist der Mensch. Dieses Virus ist ein behülltes, doppelsträngiges DNA-Virus (dsDNA) und gehört zur Familie der Herpesviridae, zur Unterfamilie Alphaherpesvirinae und zur Gattung Varicellovirus. Alle Viren dieser Familie umschließen ihre DNA mit einem ikosaedrischen Kapsid, einer aus Dreiecksflächen bestehenden Proteinhülle. Das Varizella-Zoster-Virus ist weltweit verbreitet und wird bereits in der Kindheit übertragen. Exemplarisch stieg bei Kindern in Schweden zwischen 9 und 12 Jahren in den letzten 30 Jahren die Prävalenz von Antikörpern gegen VZV von etwa 50 % Ende der 1960er Jahre bis auf 98 % 1997, was der zunehmend verbreiteten Impfung zugeschrieben wird. Bei der erwachsenen Bevölkerung in Mitteleuropa sind bei etwa 93 bis 96 % Antikörper nachweisbar.

Die vom Erreger verursachte Windpocken-Erkrankung als Erstinfektion des VZV nimmt nur sehr selten einen tödlichen Verlauf; dies kann gelegentlich ohne Vorerkrankung bei Patienten mit intaktem Immunsystem vorkommen, häufiger jedoch bei Immundefizienten und Schwangeren. Dies zeigt auch, dass das VZV sehr stark an den Menschen als seinen einzigen Wirt angepasst ist und es daher als „wirtsspezifisch und teiladaptiert" eingestuft werden kann. Es verbleibt nach einer Infektion stets lebenslang als DNA-Ring im Nukleoplasma der Nervenzellen der Spinal- oder Hirnnervenganglien.

Dieser Artikel basiert auf dem Artikel Tapeverband (https://de.wikipedia.org/wiki/Windpocken) aus der freien Enzyklopädie Wikipedia und steht unter der Doppellizenz GNU-Lizenz für freie Dokumentation und Creative Commons CC-BY-SA 3.0 Unported (http://creativecommons.org/licenses/by-sa/3.0/de/). In der Wikipedia ist eine Liste der Autoren (https://de.wikipedia.org/w/index.php?title=Windpocken&action=history) verfügbar.

Aufgabe 104:
Welche der folgenden Aussagen stimmt nicht?

A) In besonders schwierigen Fällen werden Virustatika zur Behandlung eingesetzt.
B) Bei mitteleuropäischen Erwachsenen findet man bei mehr als 90 % bereits Antikörper gegen das Humanes Herpesvirus 3.
C) Das Varizella-Zoster-Virus findet sich neben Menschen auch in Affen.
D) Nach Infektion überlebt das Virus für immer in bestimmten Nervenzellen.
E) Nach einer Virusinfektion kann die Erkrankung in Form einer Gürtelrose zurückkehren.

Aufgabe 105:
Welche der folgenden Aussagen entspricht einer wahren Aussage auf Basis dieses Textes?

A) Beim VZV handelt es sich um einen RNA-Virus.
B) Der VZV zählt zur Gattung Varicellovirus.
C) Windpocken sind in Österreich meldepflichtig.
D) Varizellen treten besonders gehäuft im Kinder- und Pensionsalter auf.
E) Den VZV findet man ausschließlich bei Personen mit eurasischer Abstammung.

Aufgabe 106:
Welche der folgenden Aussagen stellt eine falsche Aussage dar?

A) Alle Viren der Herpesviridae-Familie umschließen die DNA des Virus mit aus Dreiecksflächen bestehenden Proteinhüllen.
B) Windpocken können auch über einige Meter in der Luft übertragen werden.
C) Windpocken werden durch Tröpfcheninfektion übertragen.
D) Pocken haben in der Regel einen eher ungefährlichen Krankheitsverlauf.
E) Ein typisches Symptom dieser Erkrankung sind wasserklare Bläschen.

ZAHNMED: Draht biegen – 2 Aufgaben: 30 Minuten Bearbeitungszeit

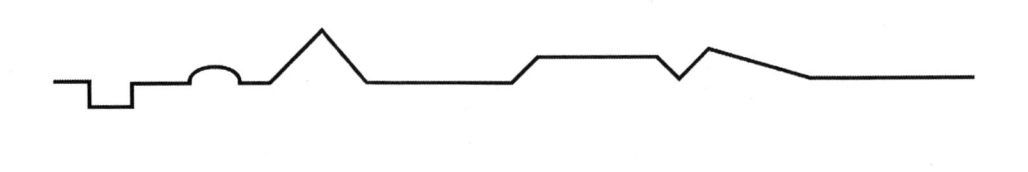

32

ZAHNMED: Formen spiegeln – 5 Aufgaben: 30 Minuten Bearbeitungszeit

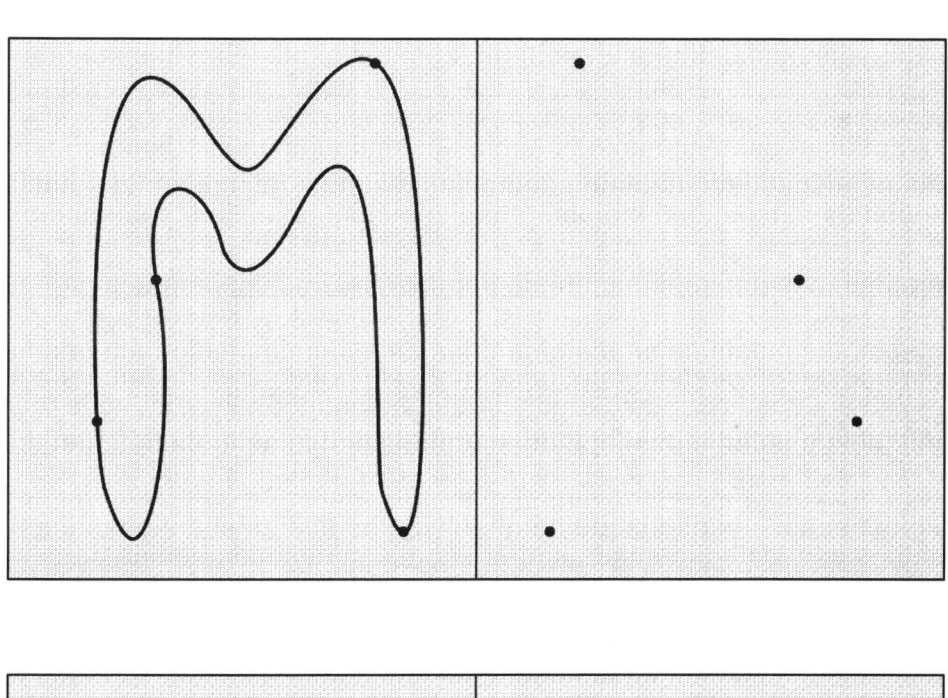

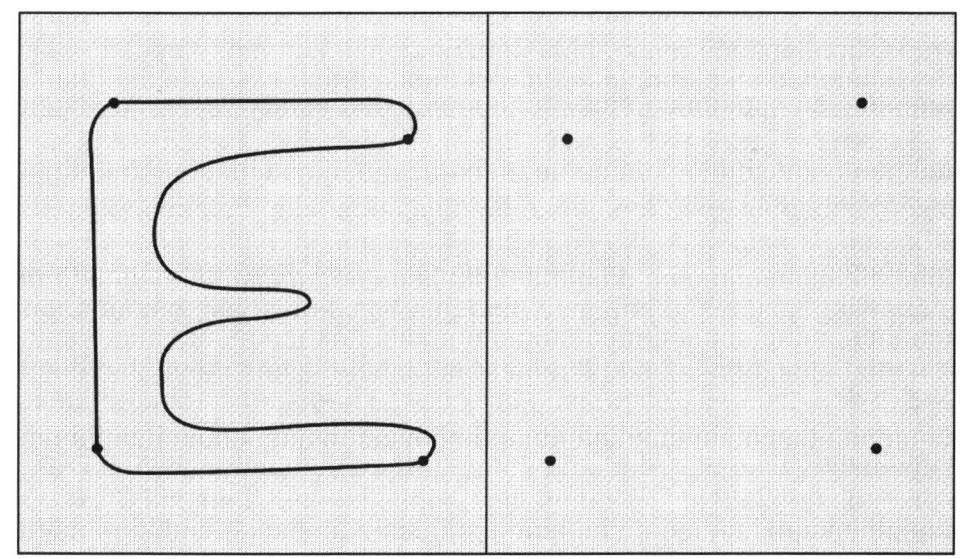

34

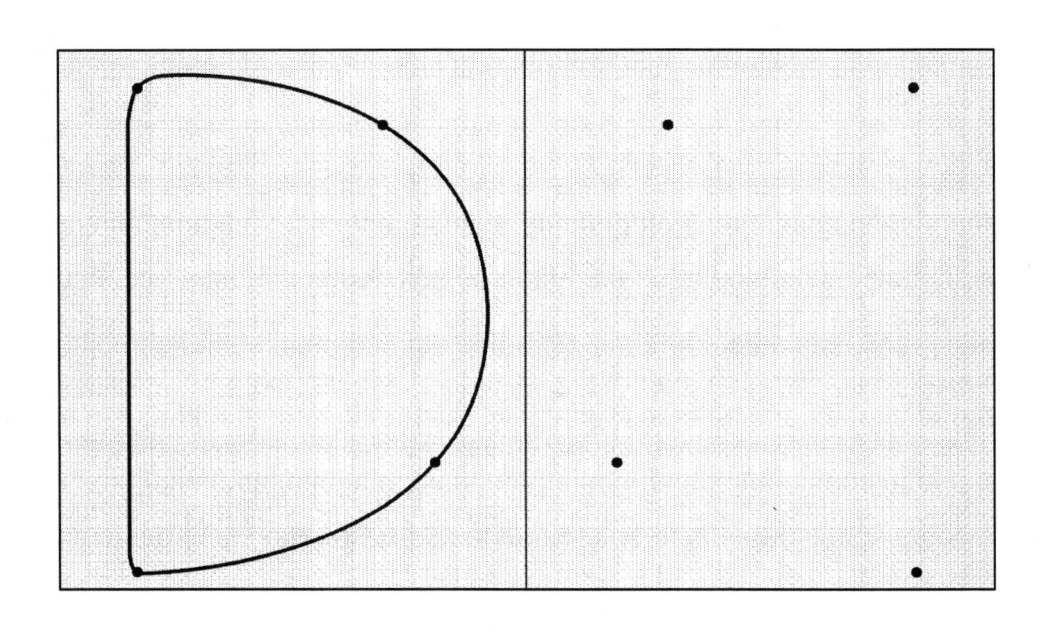

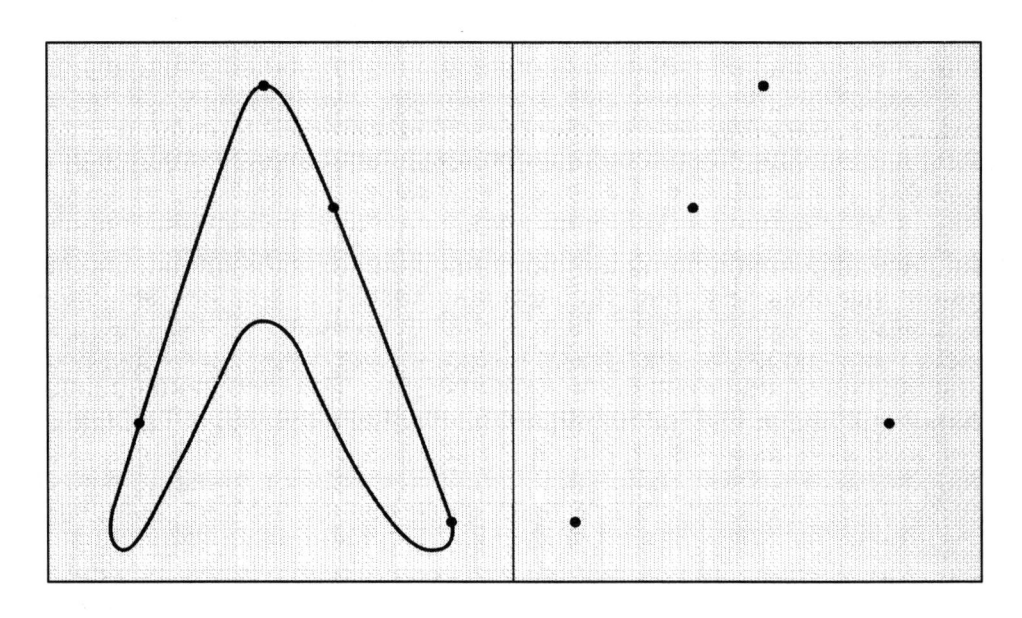

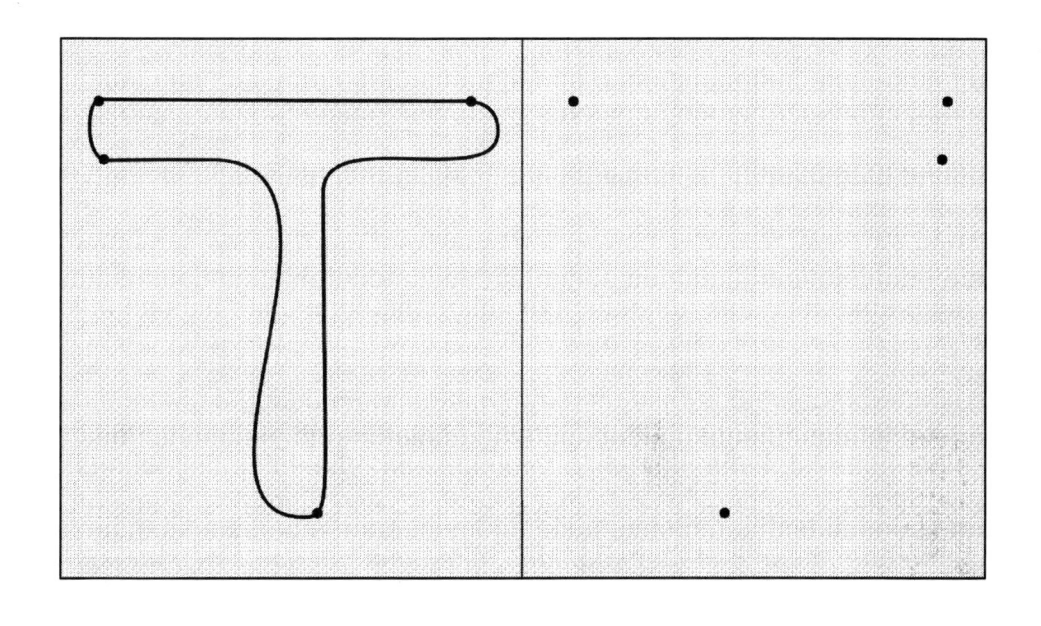

Hoch die Hände – Mittagspause! :)

Figuren zusammensetzen – 15 Aufgaben: 20 Minuten Bearbeitungszeit

Aufgabe 1

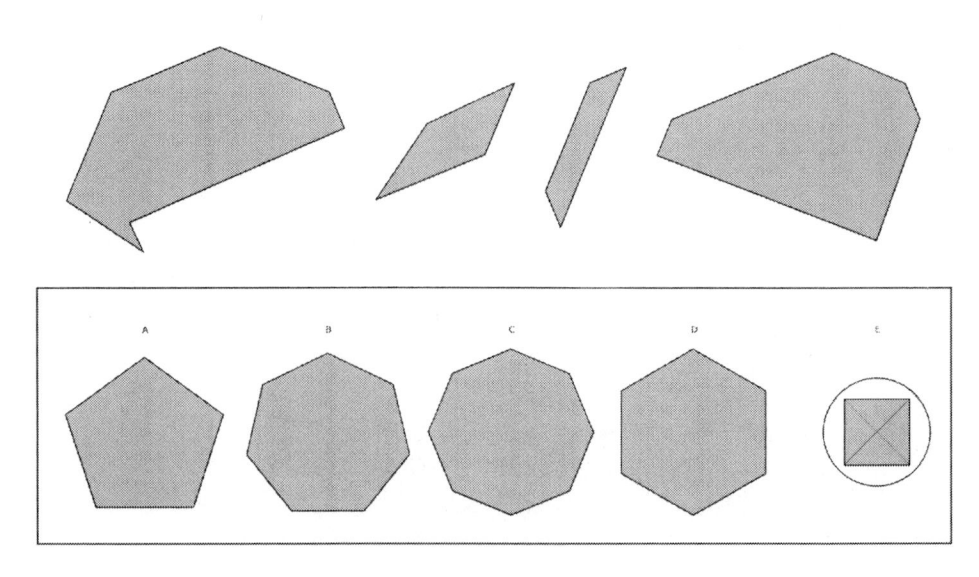

Aufgabe 2

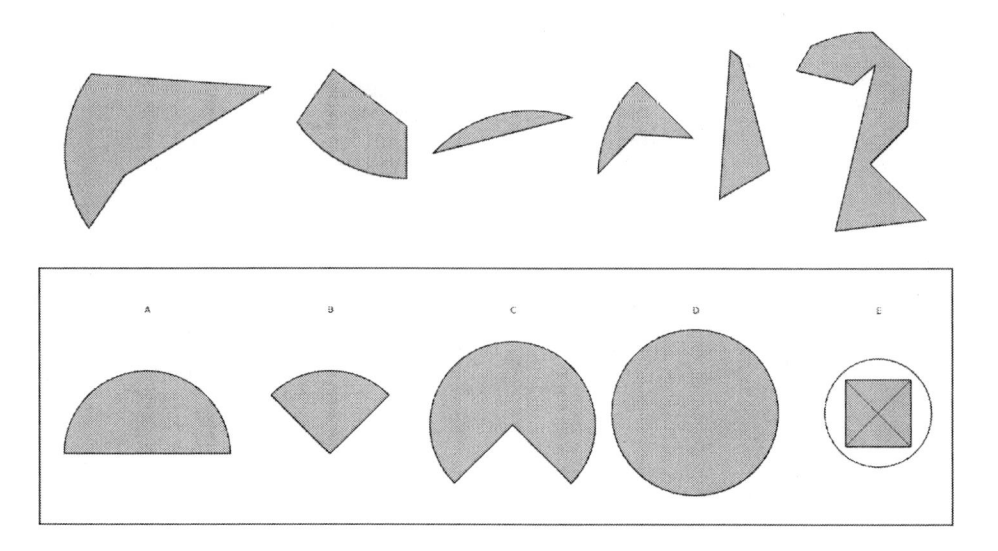

Aufgabe 3

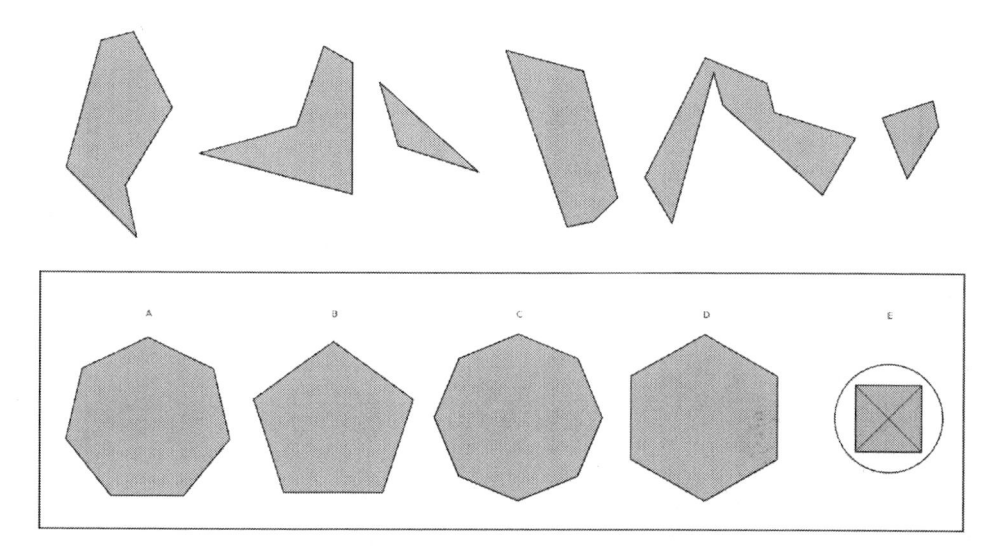

Aufgabe 4

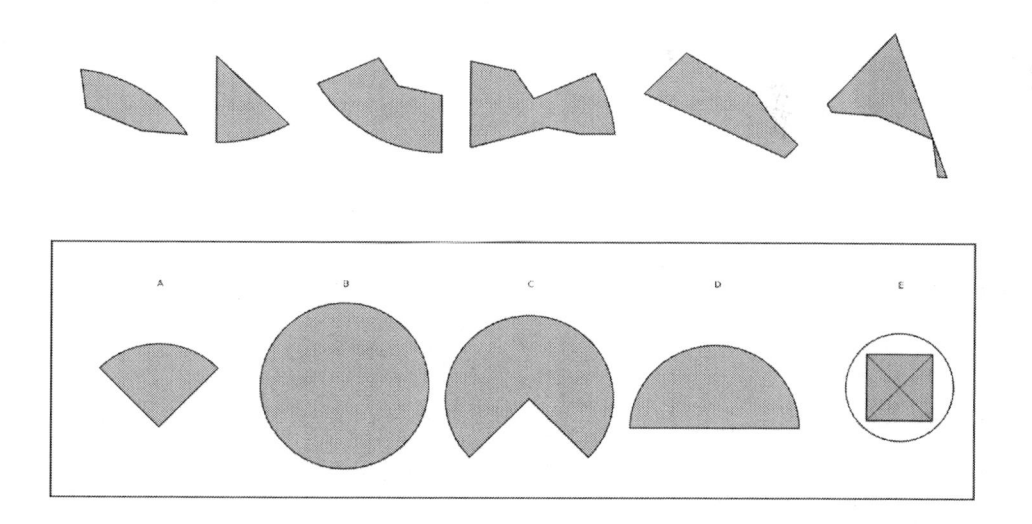

Aufgabe 5

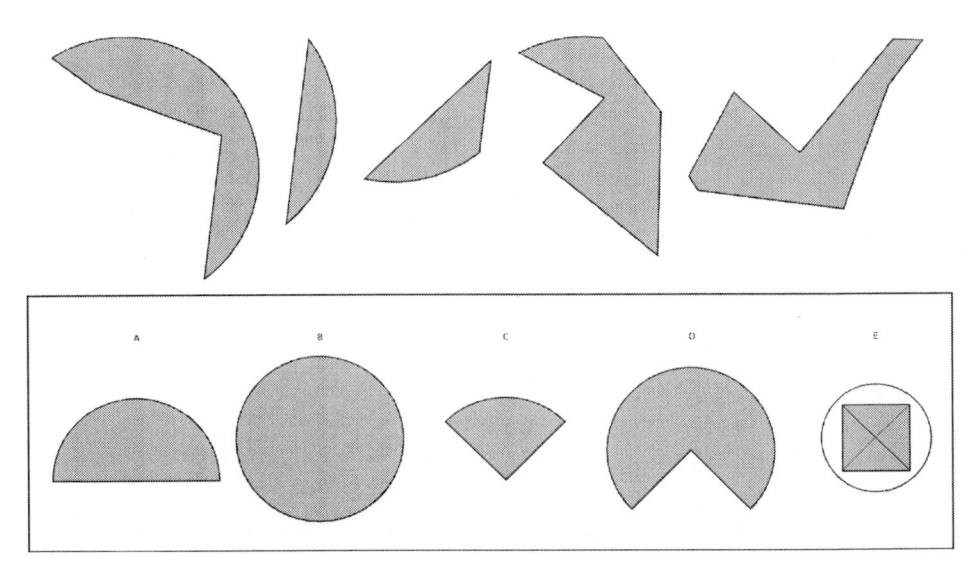

Aufgabe 6

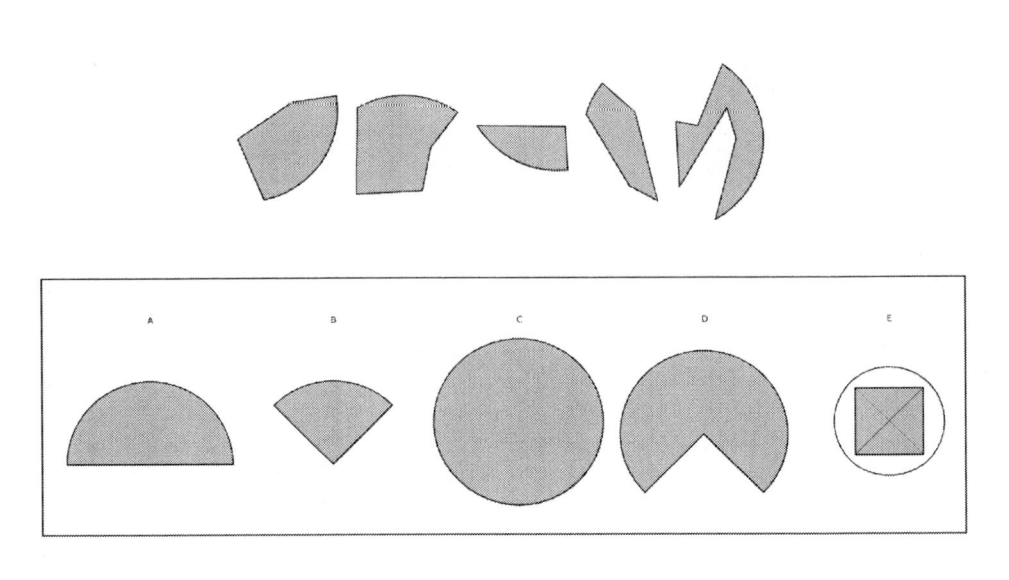

38

Aufgabe 7

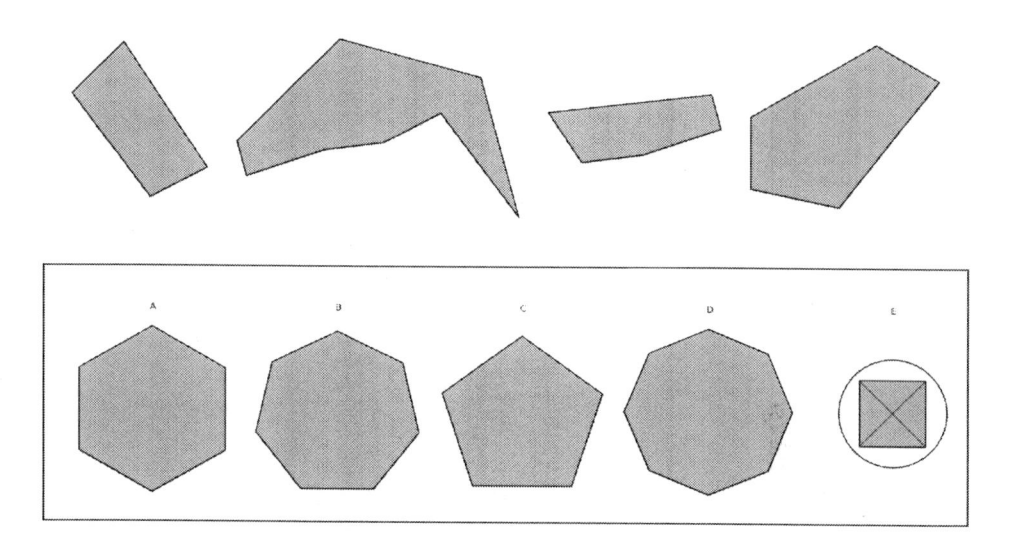

Aufgabe 8

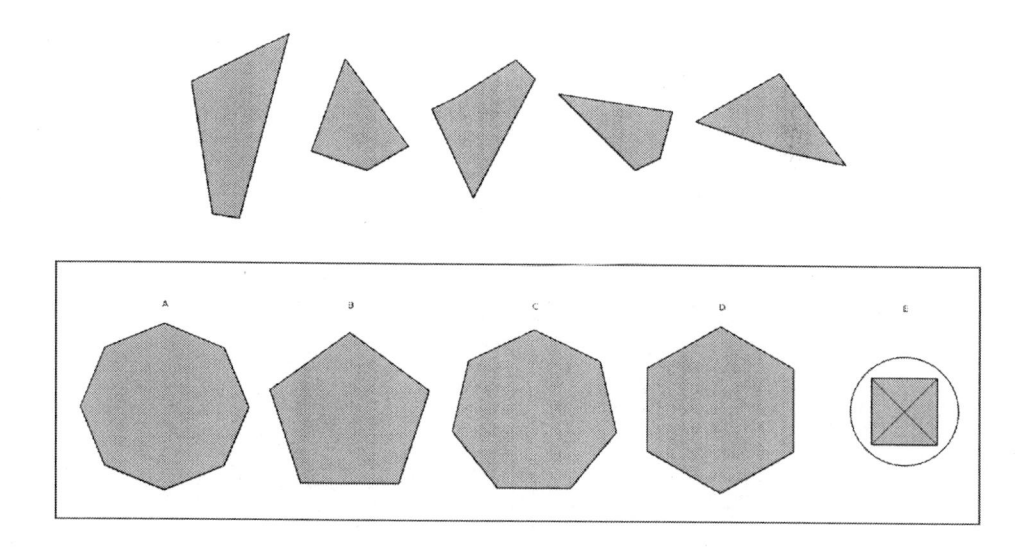

Aufgabe 9

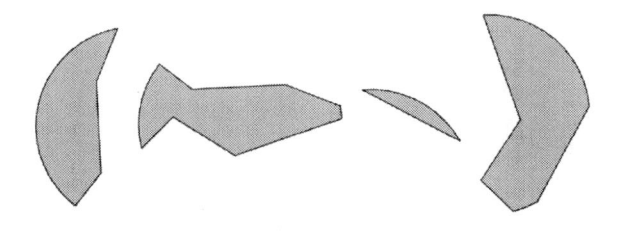

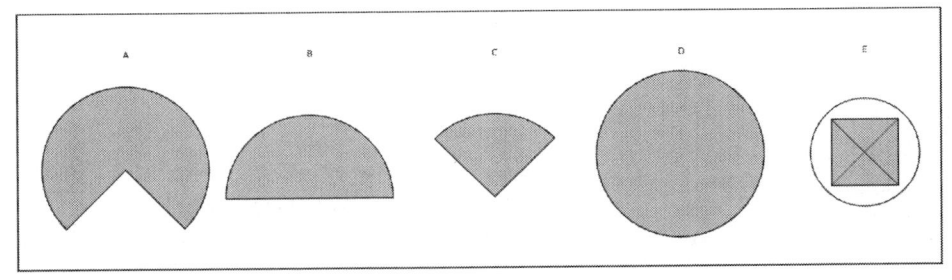

Aufgabe 10

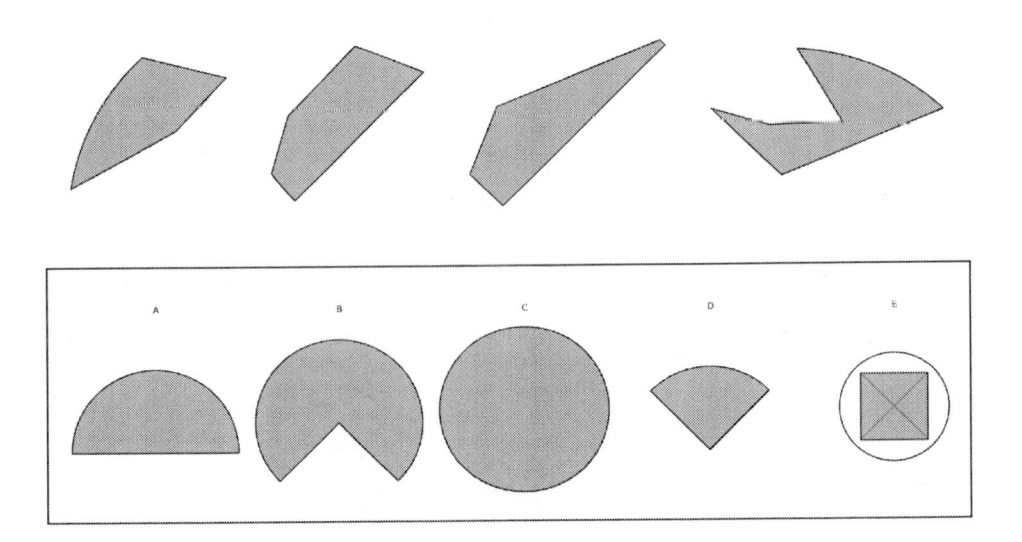

Aufgabe 11

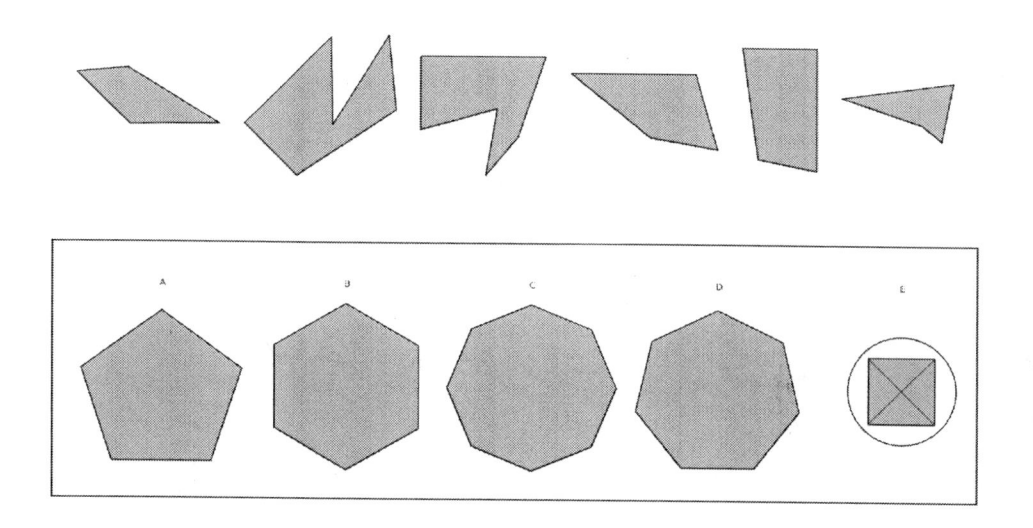

Aufgabe 12

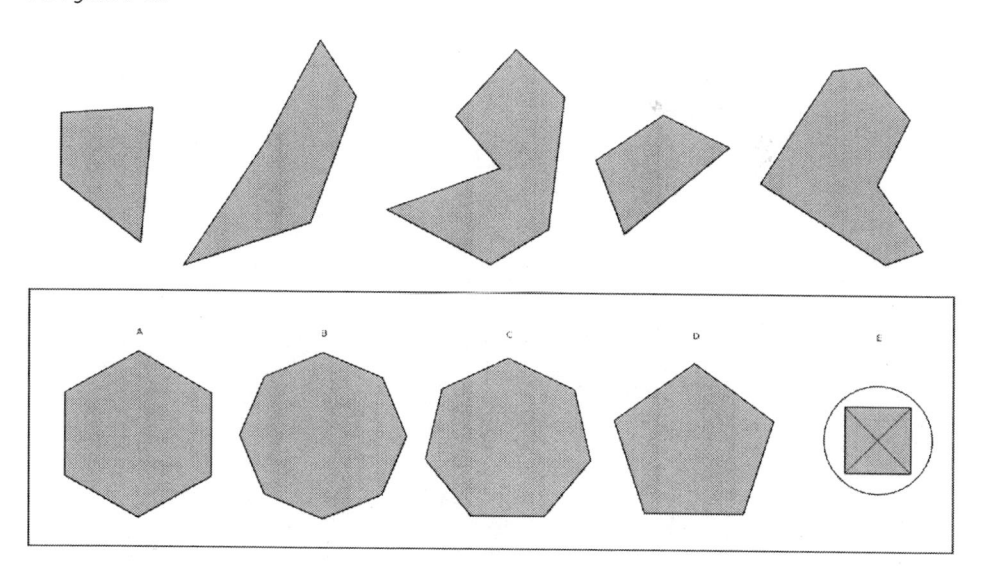

Aufgabe 13

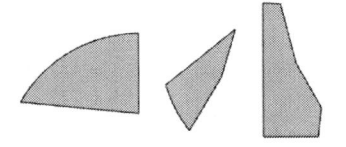

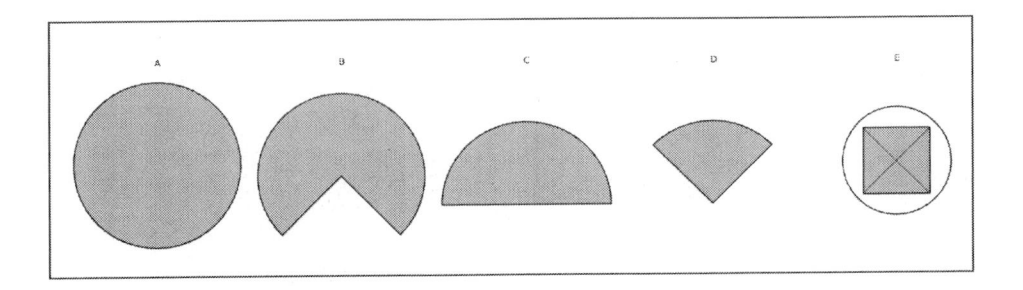

Aufgabe 14

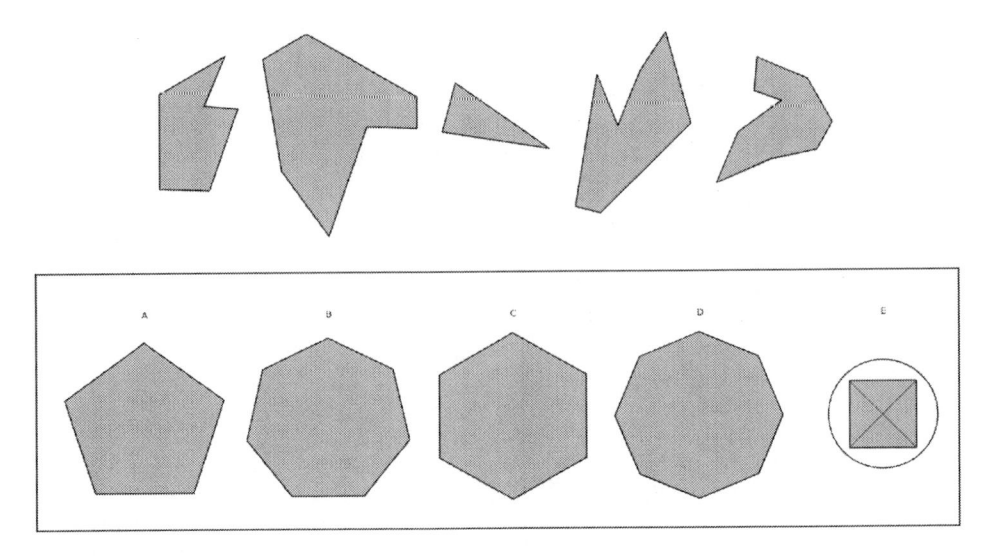

Aufgabe 15

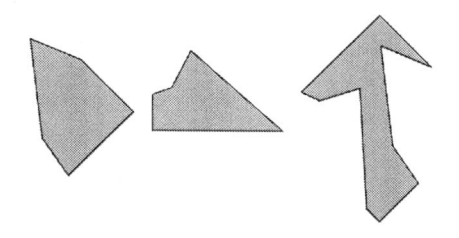

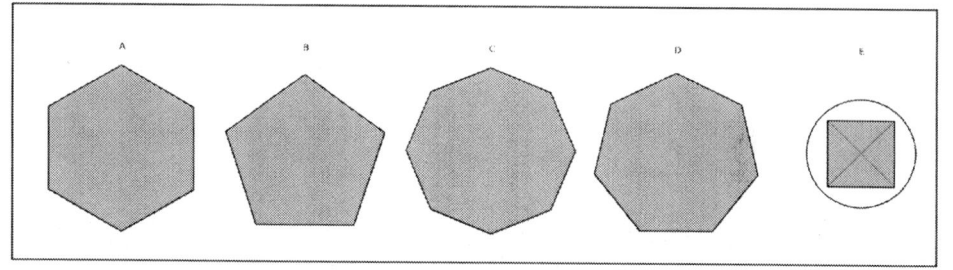

Allergieausweise – Lernphase: 8 Minuten

Allergieausweis

Name: SNIJI
Geburtstag: 26. August
Medikamenteneinnahme: Ja
Blutgruppe: A
Allergien: Petersilie, Thunfisch
Ausweisnummer: 5 3 0 7 4
Ausstellungsland: Spanien

Allergieausweis

Name: SNORAT
Geburtstag: 28. Juli
Medikamenteneinnahme: Ja
Blutgruppe: B
Allergien: Fenchel, Weidegraspolle, Himbeere
Ausweisnummer: 6 4 9 5 5
Ausstellungsland: Indien

Allergieausweis

Name: SAMUM
Geburtstag: 10. September
Medikamenteneinnahme: Nein
Blutgruppe: AB
B. Allergien: Getreidemehl, Curry
Ausweisnummer: 8 6 6 9 2
Ausstellungsland: Frankreich

Allergieausweis

Name: KIOT
Geburtstag: 17. Juli
Medikamenteneinnahme: Nein
Blutgruppe: 0
Allergien: Nickel, Thunfisch
Ausweisnummer: 9 8 2 8 9
Ausstellungsland: Neuseeland

Allergieausweis

Name: LOSKA
Geburtstag: 22. August
Medikamenteneinnahme: Ja
Blutgruppe: AB
Allergien: Sesam, Gurken
Ausweisnummer: 4 1 3 6 0
Ausstellungsland: Deutschland

Allergieausweis

Name: SCHNORAX
Geburtstag: 19. Juni
Medikamenteneinnahme: Nein
Blutgruppe: 0
Allergien: Sellerie, Gurken
Ausweisnummer: 7 2 4 0 6
Ausstellungsland: Österreich

Allergieausweis

Name: XIDOX
Geburtstag: 7. Juli
Medikamenteneinnahme: Nein
Blutgruppe: A
Allergien: Thymian, Lakritze
Ausweisnummer: 1 5 7 3 3
Ausstellungsland: Italien

Allergieausweis

Name: VIXMO
Geburtstag: 9. März
Medikamenteneinnahme: Ja
Blutgruppe: B
Allergien: Hafer, Thymian
Ausweisnummer: 2 9 5 2 8
Ausstellungsland: Belgien

Zahlenfolgen – 10 Aufgaben: 15 Minuten Bearbeitungszeit

Aufgabe 16:

20 31 42 55 71 86 107 ... ...

A) 59 / 46
B) 124 / 150
C) 18 / 40
D) 124 / 161
E) Keine der gegebenen Antworten ist richtig.

Aufgabe 17:

8 21 7 70 83 69 690 ... ...

A) 703 / 689
B) 703 / 6890
C) 759 / 619
D) 23 / 36
E) Keine der gegebenen Antworten ist richtig.

Aufgabe 18:

40 57 75 95 119 151 199 ... ...

A) 423 / 695
B) 57 / 199
C) 279 / 695
D) 279 / 423
E) Keine der gegebenen Antworten ist richtig.

Aufgabe 19:

27 16 48 37 111 100 300 ... ...

A) 867 / 856
B) 16 / 100
C) 289 / 867
D) 289 / 877
E) Keine der gegebenen Antworten ist richtig.

Aufgabe 20:

36 32 31 46 320 41 460 ... ...

A) 410 / 470
B) 330 / 470
C) 121 / 330
D) 330 / 410
E) Keine der gegebenen Antworten ist richtig.

Aufgabe 21:

14 23 37 60 97 157 254 ... ...

A)   93 / 685
B)   411 / 665
C)   24 / 36
D)   411 / 671
E)   Keine der gegebenen Antworten ist richtig.

Aufgabe 22:

5 11 13 29 53 95 177 ... ...

A)   29 / 13
B)   325 / 1099
C)   14 / 30
D)   325 / 597
E)   Keine der gegebenen Antworten ist richtig.

Aufgabe 23:

6 12 23 40 68 113 186 ... ...

A)   304 / 495
B)   40 / 68
C)   299 / 483
D)   29 / 30
E)   Keine der gegebenen Antworten ist richtig.

Aufgabe 24:

14 16 20 28 44 76 140 ... ...

A)   76 / 14
B)   268 / 524
C)   216 / 254
D)   268 / 528
E)   Keine der gegebenen Antworten ist richtig.

Aufgabe 25:

37 12 57 36 77 108 97 ... ...

A)   77 / 972
B)   74 / 101
C)   324 / 117
D)   324 / 123
E)   Keine der gegebenen Antworten ist richtig.

Implikationen erkennen – 10 Aufgaben: 10 Minuten Bearbeitungszeit

Aufgabe 26:
Alle F sind keine J.
Einige F sind E.

A) Alle E sind J.
B) Alle E sind keine J.
C) Einige E sind J.
D) Einige E sind keine J.
E) Keine Antwort ist richtig.

Aufgabe 27:
Alle N sind P.
Alle N sind G.

A) Alle G sind P.
B) Alle G sind keine P.
C) Einige G sind P.
D) Einige G sind keine P.
E) Keine Antwort ist richtig.

Aufgabe 28:
Alle O sind keine J.
Einige L sind J.

A) Alle L sind O.
B) Alle L sind keine O.
C) Einige L sind O.
D) Einige L sind keine O.
F) Keine Antwort ist richtig.

Aufgabe 29:
Einige L sind keine Q.
Alle L sind H.

A) Alle H sind Q.
B) Alle H sind keine Q.
C) Einige H sind Q.
D) Einige H sind keine Q.
E) Keine Antwort ist richtig.

Aufgabe 30:
Alle A sind keine E.
Alle E sind I.

A) Alle I sind A.
B) Alle I sind keine A.
C) Einige I sind A.
D) Einige I sind keine A.
E) Keine Antwort ist richtig.

Aufgabe 31:
Alle K sind keine B.
Alle E sind B.

A) Alle E sind K.
B) Alle E sind keine K.
C) Einige E sind K.
D) Einige E sind keine K.
E) Keine Antwort ist richtig.

Aufgabe 32:
Alle C sind H.
Einige J sind C.

A) Alle J sind H.
B) Alle J sind keine H.
C) Einige J sind H.
D) Einige J sind keine H.
E) Keine Antwort ist richtig.

Aufgabe 33:
Alle A sind G.
Alle M sind A.

A) Alle M sind G.
B) Alle M sind keine G.
C) Einige M sind G.
D) Einige M sind keine G.
E) Keine Antwort ist richtig.

Aufgabe 34:
Einige F sind L.
Alle F sind E.

A) Alle E sind L.
B) Alle E sind keine L.
C) Einige E sind L.
D) Einige E sind keine L.
E) Keine Antwort ist richtig.

Aufgabe 35:
Alle D sind keine E.
Einige E sind F.

A) Alle F sind D.
B) Alle F sind keine D.
C) Einige F sind D.
D) Einige F sind keine D.
E) Keine Antwort ist richtig.

Allergieausweise – 25 Aufgaben: 15 Minuten Bearbeitungszeit

36. In welchem Land wurde der Ausweis von SCHNORAX ausgestellt?

A) Deutschland
B) Frankreich
C) Österreich
D) Indien
E) Keine der gegebenen Antworten ist richtig.

37. In welchem Land wurde der Ausweis von der am 22. August geborenen Person ausgestellt?

A) Indien
B) Italien
C) Deutschland
D) Österreich
E) Keine der gegebenen Antworten ist richtig.

38. In welchem Land wurde der Ausweis von der am 26. August geborenen Person ausgestellt?

A) Österreich
B) Spanien
C) Deutschland
D) Italien
E) Keine der gegebenen Antworten ist richtig.

39. Wann feiert die Person, deren Ausweis in Spanien ausgestellt wurde, Geburtstag?

A) 19. Juni
B) 22. August
C) 26. August
D) 7. Juli
E) Keine der gegebenen Antworten ist richtig.

40. Welche Blutgruppe hat die am 7. Juli geborene Person?

A) AB
B) 0
C) B
D) A
E) Keine der gegebenen Antworten ist richtig.

41. Welche Ausweisnummer hat SAMUM?

A) 72406
B) 86692
C) 64955
D) 15733
E) Keine der gegebenen Antworten ist richtig.

42. Welche Ausweisnummer hat die in Indien geborene Person?

A) 86692
B) 72406
C) 15733
D) 41360
E) Keine der gegebenen Antworten ist richtig.

43. Welche Allergie/n hat jene Person, deren Ausweis in Österreich ausgestellt wurde?

A) Sesam, Gurken
B) Getreidemehl, Curry
C) Thymian, Lakritze
D) Weidegraspolle, Fenchel, Himbeere
E) Keine der gegebenen Antworten ist richtig.

44. Wie heißt folgende Person?

A) LOSKA
B) SAMUM
C) SNORAT
D) XIDOX
E) Keine der gegebenen Antworten ist richtig.

45. Welche Ausweisnummer hat die Person, die am 7. Juli Geburtstag feiert?

A) 15733
B) 86692
C) 72406
D) 41360
E) Keine der gegebenen Antworten ist richtig.

46. Welche Allergie/n hat LOSKA?

A) Weidegraspolle, Fenchel, Himbeere
B) Sesam, Gurken
C) Sellerie, Gurken
D) Getreidemehl, Curry
E) Keine der gegebenen Antworten ist richtig.

47. Wie heißt die Person mit der Zahl 4 an erster Stelle der Ausweisnummer?

A) SCHNORAX
B) SAMUM
C) LOSKA
D) XIDOX
E) Keine der gegebenen Antworten ist richtig.

48. Welche Allergie/n hat die Person, die am 26. August Geburtstag feiert?

A) Petersilie, Thunfisch
B) Sesam, Gurken
C) Thymian, Lakritze
D) Sellerie, Gurken
E) Keine der gegebenen Antworten ist richtig.

49. Wie heißt die Person, deren Ausweis in Frankreich ausgestellt wurde?

A) LOSKA
B) SCHNORAX
C) SAMUM
D) SNORAT
E) Keine der gegebenen Antworten ist richtig.

50. Wie heißt die Person, die Medikamente einnimmt und die Blutgruppe AB besitzt?

A) XIDOX
B) SCHNORAX
C) LOSKA
D) SAMUM
E) Keine der gegebenen Antworten ist richtig.

51. Welche Allergie/n hat folgende Person?

A) Sellerie, Gurken
B) Thymian, Lakritze
C) Getreidemehl, Curry
D) Hafer, Thymian
E) Keine der gegebenen Antworten ist richtig.

52. Welche Blutgruppe hat die Person, die am 17. Juli Geburtstag feiert?

A) AB
B) 0
C) B
D) A
E) Keine der gegebenen Antworten ist richtig.

53. Wann feiert XIDOX Geburtstag?

A) 10. September
B) 19. Juni
C) 28. Juli
D) 7. Juli
E) Keine der gegebenen Antworten ist richtig.

54. Welche Ausweisnummer hat die Person, die am 17. Juli Geburtstag feiert?

A) 72406
B) 41360
C) 15733
D) 98289
E) Keine der gegebenen Antworten ist richtig.

55. Welche Blutgruppe hat die am 10. September geborene Person?

A) A
B) B
C) AB
D) 0
E) Keine der gegebenen Antworten ist richtig.

56. Welche Allergie/n hat die Person, die am 9. März Geburtstag feiert?

A) Thymian, Lakritze
B) Sellerie, Gurken
C) Hafer, Thymian
D) Getreidemehl, Curry
E) Keine der gegebenen Antworten ist richtig.

57. Wann hat die Person, deren Ausweis in Belgien ausgestellt wurde, Geburtstag?

A) 19. Juni
B) 10. September
C) 22. August
D) 7. Juli
E) Keine der gegebenen Antworten ist richtig.

58. In welchem Land wurde unter anderem der Ausweis jener Person ausgestellt, die Medikamente einnimmt & die Blutgruppe B besitzt?

A) Deutschland
B) Frankreich
C) Italien
D) Österreich
E) Keine der gegebenen Antworten ist richtig.

59. Welche Blutgruppe hat SNORAT?

A) A
B) 0
C) AB
D) B
E) Keine der gegebenen Antworten ist richtig.

60. Wann feiern unter anderem Person, die Medikamente einnehmen und die Blutgruppe B besitzen, Geburtstag?

A) 9. März & 28. Juli
B) 19. Juni
C) 7. Juli
D) 22. August
E) Keine der gegebenen Antworten ist richtig.

Wortflüssigkeit – 15 Aufgaben: 20 Minuten Bearbeitungszeit

61. U H S T C L I P M

A) Anfangsbuchstabe: C
B) Anfangsbuchstabe: M
C) Anfangsbuchstabe: L
D) Anfangsbuchstabe: S
E) Keine der gegebenen Antworten ist richtig.

62. G E U E E A N Z G U

A) Anfangsbuchstabe: A
B) Anfangsbuchstabe: E
C) Anfangsbuchstabe: G
D) Anfangsbuchstabe: Z
E) Keine der gegebenen Antworten ist richtig.

63. R R E U A V T

A) Anfangsbuchstabe: R
B) Anfangsbuchstabe: U
C) Anfangsbuchstabe: E
D) Anfangsbuchstabe: V
E) Keine der gegebenen Antworten ist richtig.

64. R G N V E N A S E

A) Anfangsbuchstabe: A
B) Anfangsbuchstabe: E
C) Anfangsbuchstabe: V
D) Anfangsbuchstabe: S
E) Keine der gegebenen Antworten ist richtig.

65. G R E E I T O E M

A) Anfangsbuchstabe: G
B) Anfangsbuchstabe: E
C) Anfangsbuchstabe: R
D) Anfangsbuchstabe: O
E) Keine der gegebenen Antworten ist richtig.

66. STNUELGL

A) Anfangsbuchstabe: S
B) Anfangsbuchstabe: L
C) Anfangsbuchstabe: T
D) Anfangsbuchstabe: U
E) Keine der gegebenen Antworten ist richtig.

67. EKAWKLRBE

A) Anfangsbuchstabe: K
B) Anfangsbuchstabe: A
C) Anfangsbuchstabe: R
D) Anfangsbuchstabe: L
E) Keine der gegebenen Antworten ist richtig.

68. NASDNNMA

A) Anfangsbuchstabe: D
B) Anfangsbuchstabe: M
C) Anfangsbuchstabe: N
D) Anfangsbuchstabe: S
E) Keine der gegebenen Antworten ist richtig.

69. RKAEASEMD

A) Anfangsbuchstabe: K
B) Anfangsbuchstabe: E
C) Anfangsbuchstabe: M
D) Anfangsbuchstabe: R
E) Keine der gegebenen Antworten ist richtig.

70. EEABNGI

A) Anfangsbuchstabe: I
B) Anfangsbuchstabe: N
C) Anfangsbuchstabe: E
D) Anfangsbuchstabe: G
E) Keine der gegebenen Antworten ist richtig.

71. R G E O D P I L S

A) Anfangsbuchstabe: G
B) Anfangsbuchstabe: E
C) Anfangsbuchstabe: O
D) Anfangsbuchstabe: R
E) Keine der gegebenen Antworten ist richtig.

72. T T S Y E P E R O

A) Anfangsbuchstabe: P
B) Anfangsbuchstabe: S
C) Anfangsbuchstabe: R
D) Anfangsbuchstabe: O
E) Keine der gegebenen Antworten ist richtig.

73. M S G S R I E A

A) Anfangsbuchstabe: A
B) Anfangsbuchstabe: R
C) Anfangsbuchstabe: G
D) Anfangsbuchstabe: M
E) Keine der gegebenen Antworten ist richtig.

74. I S U N G E L T

A) Anfangsbuchstabe: L
B) Anfangsbuchstabe: I
C) Anfangsbuchstabe: U
D) Anfangsbuchstabe: E
E) Keine der gegebenen Antworten ist richtig.

75. R R N I E E F T O

A) Anfangsbuchstabe: E
B) Anfangsbuchstabe: F
C) Anfangsbuchstabe: O
D) Anfangsbuchstabe: I
E) Keine der gegebenen Antworten ist richtig.

Soziales Entscheiden – 10 Aufgaben: 15 Minuten Bearbeitungszeit

1. Anita schreibt eine vorwissenschaftliche Arbeit für die Zentralmatura. Sie kopiert aus dem großen weiten Internet Textpassagen und gibt diese Texte als ihr Eigentum an. Ihre Professorin weist sie im Verlaufe der Arbeit auf die Wichtigkeit der Zitierregeln hin. Anita ist unsicher, wie sie jetzt reagieren soll. Wie relevant sollen Ihrer Meinung nach die folgenden Überlegungen, die Anita bei ihrer Entscheidung angestellt haben könnte, sein?

A) Würde es nicht wichtig sein, dass ich dieser Aufforderung meiner Professorin Folge leiste, und damit den AutorInnen der zitierten Texte Anerkennung zolle.
B) Würde es nicht generell meine Pflicht sein, in vorwissenschaftlichen Arbeiten zu zitieren?
C) Würden sich meine MitschülerInnen gegen das Zitieren entscheiden?
D) Würde ich mir durch das Nichtzitieren Arbeit ersparen können?
E) Würde ich durch das Plagiatsprogramm erwischt werden und somit eine schlechte Note bekommen?

2. Jonathan verwechselt zwei PatientInnenakte und verschreibt einem Patienten versehentlich ein falsches Medikament. Es ist bekannt, dass das Medikament viele starke Nebenwirkungen hervorruft. Jonathan ist unsicher, wie er reagieren soll. Wie relevant sollen Ihrer Meinung nach die folgenden Überlegungen, die Jonathan bei seiner Entscheidung angestellt haben könnte, sein?

A) Würde der Primar an meiner Stelle den Patienten anrufen?
B) Würde ich nicht in jedem Fall dem Patienten sofort von meinem Fehler berichten müssen, um mögliche Nebenwirkungen zu vermeiden?
C) Würde ich nicht generell verpflichtet sein, Fehler zu korrigieren?
D) Würde es jemand bemerken, dass ich einen Fehler gemacht habe und ich ihn verschwiegen habe?
E) Würde es für mich nicht am besten sein, wenn ich dem Patienten nicht von meinem Fehler berichte, damit meiner bevorstehenden Beförderung nichts im Wege steht?

3. In der großen Pause bemerkt Melissa, dass sie versehentlich das Jausenbrot ihrer Sitznachbarin gegessen hat. Es ist bekannt, dass die Sitznachbarin sehr aufbrausend und egoistisch ist. Melissa ist unsicher, wie sie reagieren soll. Wie relevant sollen Ihrer Meinung nach die folgenden Überlegungen, die Melissa bei ihrer Entscheidung angestellt haben könnte, sein?

A) Würde es meiner Sitznachbarin überhaupt auffallen, dass jemand ihr Jausenbrot gegessen hat?
B) Würde ich sie darauf aufmerksam machen, weil Menschen sich vertrauen sollten?
C) Würde es nicht meine Pflicht sein, sie über das Geschehene zu informieren und den Schaden zu ersetzen?
D) Würde meine Sitznachbarin mich mehr respektieren, wenn ich ihr nichts verraten würde?
E) Würden andere ihr ein neues Jausenbrot kaufen?

4. Jonas zeigt seinen Freunden seine neue Kunstlederjackensammlung. Diese sind begeistert und möchten, dass er ihnen eine dieser Jacken verkauft. Während des Verkaufes stellt sich heraus, dass seine Freunde annehmen, dass seine Jacken aus echtem Leder sind. Jonas ist unsicher, wie er reagieren soll. Wie relevant sollen Ihrer Meinung nach die folgenden Überlegungen, die Jonas bei seiner Entscheidung angestellt haben könnte, sein?

A) Würde es nicht immer meine Aufgabe sein, ehrlich zu sein?
B) Würde es sich negativ auf unsere Freundschaft auswirken, wenn meine Freunde erst nach dem Kauf die Fälschung bemerken?
C) Würden meine Freunde, an meiner Stelle, mir die Wahrheit erzählen?
D) Würde ich durch den Verkauf viel Geld verdienen können?
E) Würde ich meine Freunde darauf hinweisen müssen, weil man sich unter Freunden aufeinander verlassen können sollte?

5. Marinas Freundin möchte eine digitale Kopie eines urheberrechtlich geschützten Buches mit geringer Auflage an Marina verkaufen. Marina ist unsicher, wie sie reagieren soll. Wie relevant sollen Ihrer Meinung nach die folgenden Überlegungen, die Marina bei ihrer Entscheidung angestellt haben könnte, sein?

A) Würde es nicht notwendig sein dem Gesetz zu folgen und deshalb die Verantwortung über meine Taten zu übernehmen?
B) Würde ich durch den legalen Kauf des Buches im Buchladen eine für mich relevante Neuauflage des Buches im nächsten Jahr ermöglichen und den Buchladen im Heimatort unterstützen können?
C) Würde sich meine Mutter gegen diesen Kauf entscheiden?
D) Würde ich mir Geld sparen können, wenn ich das Buch unerlaubterweise als digitale Kopie erwerbe?
E) Würde jemand auf die Idee kommen, dass ich das Buch nicht gekauft habe und mich anzeigen?

6. Nach einem chirurgischen Eingriff wird Andrés Kollege vom Primar beschuldigt, einen Fehler begangen zu haben. André, der ganz alleine für den Fehler verantwortlich ist, ist unsicher wie er reagieren soll. Wie relevant sollen Ihrer Meinung nach die folgenden Überlegungen, die André bei seiner Entscheidung angestellt haben könnte, sein?

A) Würde der Primar den Fehler eingestehen?
B) Würde es nicht wichtig sein, Transparenz walten zu lassen, um eine mögliche negative Konsequenz für andere verhindern zu können?
C) Würde es für mich von Nachteil sein, wenn der Primar später erst seinen Irrtum bemerkt?
D) Würde ich mein gewonnenes Ansehen gegenüber meinem Kollegen für zukünftige Beförderungen ausnützen können?
E) Würde es nicht am besten sein, die Verantwortung für mein eigenes Verhalten zu übernehmen?

7. Ludwig kauft in einem überteuerten Möbelhaus einige Einrichtungsgegenstände für seine neue Wohnung ein. An der Kassa vergisst die Mitarbeiterin eine Stehlampe einzuscannen. Auf seiner Heimfahrt bemerkt Ludwig, dass die Lampe nicht auf der Rechnung steht. Ludwig ist unsicher, wie er reagieren soll. Wie relevant sollen Ihrer Meinung nach die folgenden Überlegungen, die Ludwig bei seiner Entscheidung angestellt haben könnte, sein?

A) Würde es jemand in Erwägung ziehen, dass ich die Lampe ohne zu bezahlen mitgenommen habe?
B) Würde ich durch mein Handeln der Mitarbeiterin mehr Probleme bereiten als dem Möbelhaus?
C) Würde es meine Aufgabe sein, zurückzufahren und den vergessenen Gegenstand zu bezahlen?
D) Würden andere an meiner Stelle sich an das Möbelhaus wenden?
E) Würde ich das ersparte Geld für wichtige andere Investitionen in meiner neuen Wohnung benötigen?

8. Namika bekommt durch einen Absendefehler geheime Dokumente einer sich in Behandlung befindenden Person zugesendet. Namika ist unsicher, wie sie reagieren soll. Wie relevant sollen Ihrer Meinung nach die folgenden Überlegungen, die Namika bei ihrer Entscheidung angestellt haben könnte, sein?

A) Würde die sich in Behandlung befindende Person eine Rücksendung der Dokumente befürworten?
B) Würde es nicht meine Pflicht sein, den bzw. die AbsenderIn über den Fehler zu informieren?
C) Würde ich durch mein Verhalten dem bzw. der AbsenderIn mehr Übel bereiten als ihrer Firma?
D) Würde ich die Daten aus Interesse und zu kommerziellen Zwecken verwenden können?
E) Würde ich die Daten bei mir sicher verstecken können, ohne dass ich dafür verurteilt werde?

9. Jimmy, ein Angestellter im öffentlichen Dienst, bekommt gegen Geld die Möglichkeit, einen Vorteil für eine unabhängige Person durchzusetzen. Jimmy ist unsicher, wie er reagieren soll. Wie relevant sollen Ihrer Meinung nach die folgenden Überlegungen, die Jimmy bei seiner Entscheidung angestellt haben könnte, sein?

A) Würde ich das Angebot ablehnen müssen, weil ich meine Position zum Vorteile der BürgerInnen nicht ausnutzen darf?
B) Würde ich Angst haben müssen, dass ich durch die Annahme des Geldes ins Gefängnis gehen könnte?
C) Würde ich das Geld für meine Familie benötigen?
D) Würde es nicht sinnvoll sein, den geltenden Statuten zu folgen?
E) Würde die unabhängige Person in so einer Situation das Geld ablehnen?

10. Veronika arbeitet im LKH Graz als Assistenzärztin. Am Abend fragt sie ihre Mutter, ob es ihrer Freundin, die in diesem Krankhaus liegt, schon wieder besser geht und was sie denn eigentlich hätte. Veronika ist unsicher, wie sie reagieren soll. Wie relevant sollen Ihrer Meinung nach die folgenden Überlegungen, die Veronika bei ihrer Entscheidung angestellt haben könnte, sein?

A) Würde es nicht meine Pflicht sein, mich an die Schweigepflicht zu halten?
B) Würden mich andere Personen schlechter behandeln, wenn Sie über mein Fehlverhalten Bescheid wissen?
C) Würde eine andere Ärztin sich ebenfalls in Schweigen hüllen?
D) Würde ich die Beziehung zu meiner Mutter durch Weitergabe dieser Information verbessern können?
E) Würde es im Interesse der Freundin sein, wenn ich keiner anderen Person von ihrer Krankheit erzähle, weil die Information nur für bestimmte Leute bestimmt ist und sich negativ auf das Krankenhaus auswirken könnte?

Emotionen erkennen – 10 Aufgaben: 15 Minuten Bearbeitungszeit

Aufgabe 86: Frau Werner hat am Sonntag Freunde zum Essen eingeladen. Deshalb kauft sie in einer Fleischhauerei Rindfleisch, das ihr von der Verkäuferin besonders empfohlen wird. Beim Zubereiten des Fleisches entdeckt Frau Werner einige Maden. Sie muss das Fleisch, von dem ihr übel wird, umtauschen. Wie fühlt sich Frau Werner in dieser Situation?

	eher wahrscheinlich	eher unwahrscheinlich
Sie ist erschrocken.	☐	☐
Sie ist unzufrieden.	☐	☐
Sie ist angewidert.	☐	☐
Sie bedauert etwas.	☐	☐
Sie ist verärgert.	☐	☐

Aufgabe 87: Obwohl sich der achtjährige Peter in der Früh nicht wohl fühlt, schickt ihn seine Mutter in die Schule. Peter erzählt in der Schule nichts davon. Kaum hat der Unterricht begonnen, erbricht Peter so stark, dass er seine Kleidung verschmutzt. Die Lehrerin kümmert sich sofort um den blassen, verlegenen und zitternden Peter. Vor seinen Klassenkameraden hilft sie ihm aus der verschmutzten Kleidung. Peter weiß nicht, ob er sich erneut übergeben muss. Wie fühlt sich Peter in dieser Situation?

	eher wahrscheinlich	eher unwahrscheinlich
Er ist ängstlich.	☐	☐
Er ist überrascht.	☐	☐
Er ist verärgert.	☐	☐
Er schämt sich.	☐	☐
Er ist dankbar.	☐	☐

Aufgabe 88: Obwohl sich der achtjährige Peter in der Früh nicht wohl fühlt, schickt ihn seine Mutter in die Schule. Peter erzählt in der Schule nichts davon. Kaum hat der Unterricht begonnen, erbricht Peter so stark, dass er seine Kleidung und seinen Schreibtisch mit den Schulheften verschmutzt. Die Lehrerin kümmert sich sofort um den blassen, zitternden Peter, der kaum reagiert. Wie fühlt sich die Lehrerin in dieser Situation?

	eher wahrscheinlich	eher unwahrscheinlich
Sie ist besorgt.	☐	☐
Sie ist nachdenklich.	☐	☐
Sie ist angeekelt.	☐	☐
Sie ist traurig.	☐	☐
Sie fühlt sich schuldig.	☐	☐

Aufgabe 89: Ivana lebt bei einer Pflegefamilie. Seit Jahren möchte sie ihre leiblichen Eltern kennenlernen. Es gibt kaum Hinweise über den Verbleib und den Aufenthaltsort der biologischen Eltern. Die Pflegeeltern unterstützen Ivana bei all ihren Recherchen. Eines Tages kommt eine unerwartete Nachricht von der Adoptionsstelle. Wie fühlt sich Ivana in dieser Situation?

	eher wahrscheinlich	eher unwahrscheinlich
Sie ist neugierig.	☐	☐
Sie ist nachdenklich.	☐	☐
Sie ist besorgt.	☐	☐
Sie ist freudig erregt.	☐	☐
Sie ist dankbar.	☐	☐

Aufgabe 90: Monika weiß über den äußerst kritischen Gesundheitszustand ihres Vaters, der seit Tagen im Krankenhaus liegt, Bescheid. In der Arbeit wird Monika von ihrer Schwester telefonisch informiert, dass es um den Vater heute sehr schlecht steht. Monika, die Lehrerin ist, beendet noch ihre letzte Unterrichtsstunde und eilt danach sofort ins 30 km entfernte Krankenhaus. Als Monika im Krankenzimmer eintrifft, lebt ihr Vater noch wenige Minuten und sie kann von ihm Abschied nehmen. Wie fühlt sich Monika in dieser Situation?

	eher wahrscheinlich	eher unwahrscheinlich
Sie ist verärgert.	☐	☐
Sie ist ausgeglichen.	☐	☐
Sie ist traurig.	☐	☐
Sie ist erleichtert.	☐	☐
Sie schämt sich.	☐	☐

Aufgabe 91: Von der letzten Deutsch-Schularbeit hängt es ab, ob Maria zur Reifeprüfung antreten kann. In ihrer Arbeit konnte sie viele gute Gedanken verarbeiten, die sehr schlechte Rechtschreibung aber war immer der Stolperstein. Bei der Rückgabe der Arbeit lächelt die Deutschlehrerin Maria zu. Wie fühlt sich Maria in dieser Situation?

	eher wahrscheinlich	eher unwahrscheinlich
Sie hat Angst.	☐	☐
Sie ist dankbar.	☐	☐
Sie ist zuversichtlich.	☐	☐
Sie ist gereizt.	☐	☐
Sie ist interessiert.	☐	☐

Aufgabe 92: Die 66-jährige Hilde geht nach vielen Jahren wieder zur Blutspende. Hilde ist gesund und nimmt keine Medikamente. Sie füllt das notwendige Formular aus. Als sie das Formular abgeben will, erklärt ihr eine Krankenschwester, dass sie nicht Blut spenden darf. Wie fühlt sich Hilde in dieser Situation?

	eher wahrscheinlich	eher unwahrscheinlich
Sie schämt sich.	☐	☐
Sie ist gekränkt.	☐	☐
Sie ist überrascht.	☐	☐
Sie ist erschrocken.	☐	☐
Sie ist angewidert.	☐	☐

Aufgabe 94: Manuela feiert ihren 50. Geburtstag und lädt ihre beste Freundin Tanja zur Feier ein. Die Freundinnen wohnen mehr als 100 km voneinander entfernt. Tanja freut sich schon auf das Fest und rechnet wie immer damit, dass sie auch bei ihrer Freundin zuhause übernachten kann. Als sie eintrifft, erfährt sie, dass Manuelas Mutter eine Übernachtung für Tanja im Hotel gebucht und bereits bezahlt hat. Wie fühlt sich Tanja in dieser Situation?

	eher wahrscheinlich	eher unwahrscheinlich
Sie ist verärgert.	☐	☐
Sie ist gelassen.	☐	☐
Sie ist überrascht.	☐	☐
Sie ist nachdenklich.	☐	☐
Sie ist gereizt.	☐	☐

Aufgabe 93: Erni ist eine Antiquitätenhändlerin. Immer wenn sie Blumenständer aus der Zeit des Jugendstils erwirbt, informiert sie eine langjährige und gute Kundin davon und verspricht ihr das Möbelstück für sie zu reservieren. Als die Kundin wenige Tage später ins Geschäft kommt und wie immer das Möbelstück kaufen möchte, ist der Blumenständer schon verkauft. Wie fühlt sich die Kundin in dieser Situation?

	eher wahrscheinlich	eher unwahrscheinlich
Sie ist angewidert.	☐	☐
Sie ist verärgert.	☐	☐
Sie ist enttäuscht.	☐	☐
Sie fühlt sich veräppelt.	☐	☐
Sie ist erschrocken.	☐	☐

Aufgabe 95: Manfred genießt gutes Essen. Ein Speiselokal besucht er besonders gerne, da die Qualität des Essens und der Service immer in bester Ordnung sind. Manfred ladet seine Mutter deshalb anlässlich ihres 60. Geburtstages genau in dieses Lokal ein. Die ausgewählten Speisen entsprechen an diesem Tag nicht der bewährten Qualität. Manfred schafft es nicht, auf Grund des schlechten Geschmackes, die gesamte Speise zu verzehren. Wie fühlt sich Manfred in dieser Situation?

	eher wahrscheinlich	eher unwahrscheinlich
Er ist ausgeglichen.	☐	☐
Er fühlt sich schuldig.	☐	☐
Er ist verärgert.	☐	☐
Er ist enttäuscht.	☐	☐
Er ist besorgt.	☐	☐

Lösungen

Biologie	Chemie	Physik	Mathematik	TV - Text
1. E	41. B	65. D	83. A	95. E
2. D	42. A	66. A	84. C	96. C
3. C	43. E	67. B	85. E	97. D
4. C	44. C	68. C	86. B	98. D
5. B	45. E	69. E	87. D	99. A
6. A	46. A	70. D	88. C	100. B
7. D	47. A	71. E	89. A	101. D
8. A	48. B	72. D	90. C	102. E
9. E	49. C	73. E	91. B	103. E
10. B	50. B	74. D	92. A	104. C
11. E	51. D	75. B	93. C	105. B
12. E	52. A	76. A	94. B	106. D
13. E	53. E	77. C		
14. A	54. C	78. E		
15. A	55. D	79. D		
16. E	56. A	80. B		
17. E	57. C	81. A		
18. D	58. E	82. D		
19. A	59. A			
20. C	60. C			
21. E	61. C			
22. C	62. D			
23. E	63. A			
24. D	64. A			
25. A				
26. A				
27. B				
28. A				
29. E				
30. B				
31. B				
32. E				
33. A				
34. B				
35. A				
36. A				
37. C				
38. E				
39. C				
40. C				

Figuren zusammensetzen

1. C
2. C
3. D
4. D
5. B
6. C
7. A
8. B
9. D
10. D
11. E
12. C
13. D
14. C
15. E

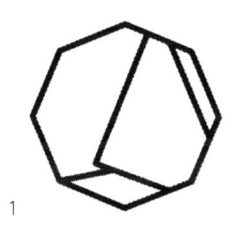

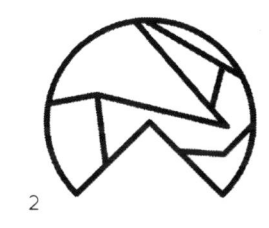

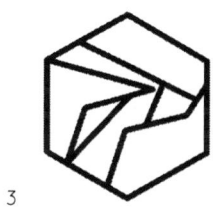

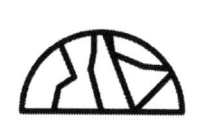

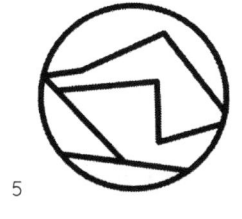

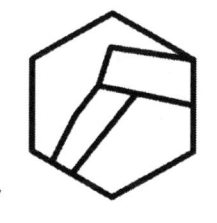

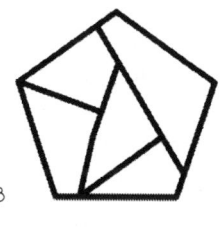

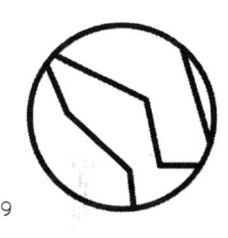

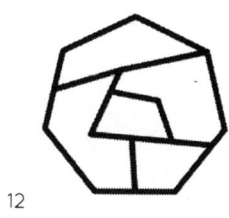

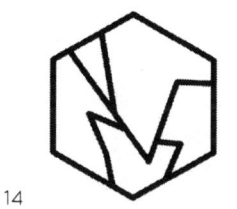

Zahlenfolgen

16. System 2:   +11 +13 +15 +17 <> +11 +16 +21 +26
Die richtige Antwort lautet: B (124 / 150)

17. System 4:   +13 <> -14 <> *10
Die richtige Antwort lautet: A (703 / 689)

18. System 3:   +17 +18 +20 +24 +32 +48 +80 +144
Die richtige Antwort lautet: D (279 / 423)

19. System 1:   -11 <> *3
Die richtige Antwort lautet: C (289 / 867)

20. System 13:   +10 +10 ---> *10 *10 --->
Die richtige Antwort lautet: D (330 / 410)

21. System 6:   +9 +14 +23 +37 +60 +97 +157 +254 +411
Die richtige Antwort lautet: B (411 / 665)

22. System 8:   5 + 11 + 13 = 29 // 11 + 13 + 29 = 53 // 13 + 29 + 53 = 95 ...
Die richtige Antwort lautet: D (325 / 597)

23. System 10:   +6 +11 +17 +28 +45 +73 +118 +191
Die richtige Antwort lautet: A (304 / 495)

24. System 15:   (*2 -12)
Die richtige Antwort lautet: B (268 / 524)

25. System 11:   +20 --> *3 -->
Die richtige Antwort lautet: C (324 / 117)

Implikationen erkennen

26. D   Modus Ferison
27. C   Modus Darapti
28. D   Modus Festino
29. D   Modus Bocardo
30. D   Modus Fesapo
31. B   Modus Cesare
32. C   Modus Darii
33. A   Modus Barbara
34. C   Modus Disamis
35. D   Modus Fresison

Allergieausweise

36.	C	45.	A	54.	D
37.	C	46.	B	55.	C
38.	B	47.	C	56.	C
39.	C	48.	A	57.	E
40.	D	49.	C	58.	E
41.	B	50.	C	59.	D
42.	E	51.	D	60.	A
43.	E	52.	B		
44.	A	53.	D		

Wortflüssigkeit

61. B MISCHPULT
62. A AUGENZEUGE
63. B URVATER
64. E NERVENGAS
65. A GEOMETRIE
66. A STELLUNG
67. A KABELWERK
68. D SANDMANN
69. C MASKERADE
70. C EINGABE
71. A GOLDPREIS
72. B STEREOTYP
73. C GRIMASSE
74. A LEISTUNG
75. B FERIENORT

Soziales Entscheiden

76. A1-B2-C3-D4-E5 (Antwort A ist moralisch am meisten, E am wenigsten relevant)
77. A3-B1-C2-D5-E4 (Antwort B ist moralisch am meisten, D am wenigsten relevant)
78. A5-B1-C2-D4-E3 (Antwort B ist moralisch am meisten, A am wenigsten relevant)
79. A2-B5-C3-D4-E1 (Antwort E ist moralisch am meisten, B am wenigsten relevant)
80. A2-B1-C3-D4-E5 (Antwort B ist moralisch am meisten, E am wenigsten relevant)
81. A3-B1-C5-D4-E2 (Antwort B ist moralisch am meisten, C am wenigsten relevant)
82. A5-B1-C2-D3-E4 (Antwort B ist moralisch am meisten, A am wenigsten relevant)
83. A3-B2-C1-D4-E5 (Antwort C ist moralisch am meisten, E am wenigsten relevant)
84. A1-B5-C4-D2-E3 (Antwort A ist moralisch am meisten, B am wenigsten relevant)
85. A2-B5-C3-D4-E1 (Antwort E ist moralisch am meisten, B am wenigsten relevant)

Emotionen erkennen - Unser Antwortblatt enthält diesen Untertest nicht.

86. Frau Werner ist unzufrieden (Unzufriedenheit), angewidert (Ekel) und verärgert (Ärger).
87. Peter ist ängstlich (Angst) und schämt sich (Scham).
88. Die Lehrerin ist besorgt (Sorge).
89. Ivana ist neugierig (Interesse) und freudig erregt (Freude).
90. Monika ist traurig (Trauer) und erleichtert (Erleichterung).
91. Maria ist zuversichtlich (Hoffnung).
92. Hilde ist überrascht (Überraschung).
93. Die Kundin ist verärgert (Ärger), enttäuscht (Enttäuschung) und fühlt sich veräppelt.
94. Tanja ist überrascht (Überraschung).
95. Manfred ist verärgert (Ärger) und enttäuscht (Enttäuschung).

Hinter jedem Fenster verbirgt sich
ein Geheimnis & eine Überraschung.

Die neuen Vorbereitungskurse sind da! :)

www.medat-vorbereitung.at/kurse

www.medbreaker.one > kostenlos testen > Testsimulation

Medizinische Universität Antwortblatt

BMS + TV
Humanmedizin (alle Fragen) und Zahnmedizin (ohne den Fragen 95-106)

KFF / SE
Humanmedizin (alle Fragen) und Zahnmedizin (ohne den Fragen 26-35)

Made in the USA
Middletown, DE
03 June 2018